Fotohistorias

Participatory photography and the experience of migration

RICARDO GOMEZ & SARA VANNINI

🐦 #fotohistorias   ✉ fotohistorias@uw.edu   🌐 www.fotohistorias.org

Information School
UNIVERSITY *of* WASHINGTON   **W**

To all migrants, who learn how to live
in between "here" and "there."

*A todos los y las migrantes, que aprenden
a vivir entre "aquí" y "allá."*

Acknowledgements

We thank all participants in Nogales, Mexico; Seattle, Washington; and Cali and Bahía Málaga, Colombia, for their contributions in the forms of pictures, stories and feedback in the course of this project. We also acknowledge the help and support of Kino Border Initiative and El Comedor in Nogales, Mexico; Casa Latina in Seattle; and Universidad Icesi, Consejo Comunitario La Plata — Bahia Malaga, Comunidad Indigena Nasa de Buena Vista — Buitrera, and Fundacion Nueva Luz, Siloe — Cali. They each do very hard work to benefit their respective communities, and they opened their doors to us to collect the photos and stories we present here.

Many other people helped make this project real:

Team at UW: Veronica Guajardo, Bryce Newell, Cherry Wang, Christopher Setzer, Hadiza Ismaila, Juan Carlos Rodriguez, Katya Yefimova, Korissa McGlocklin, Mantra Roy, Philip Reed, and Staci Fox.

Team at Casa Latina: Araceli Hernandez, Estaban Ginocchio-Silva, and Gilda Blanco.

Team in Colombia: Luis Miguel Carvajal, Luis Fernando Baron, Mauricio Beltran, Natalia Escobar, and Oscar Ivan Trejos.

Book design: Katie Mayer.

Fotohistorias was a sabbatical project by Ricardo Gomez, associate professor, with Sara Vannini, post-doctoral fellow, at the University of Washington Information School.

Agradecimientos

Agradecemos a todos y todas las participantes en Nogales, México; Seattle, Washington; y Cali y Bahía Málaga, Colombia, por sus contribuciones en la forma de fotos, historias y comentarios en el transcurso de este proyecto. También reconocemos la ayuda y contribución de la Iniciativa Kino para la Frontera y El Comedor en Nogales, México; Casa Latina en Seattle; y la Universidad Icesi, el Consejo Comunitario La Plata – Bahía Málaga, la Comunidad Indígena de Buenavista – Buitrera, y la Fundación Nueva Luz, Siloé – Cali. Cada una de estas organizaciones trabaja en beneficio de sus respectivas comunidades, y nos abrieron las puertas para recoger las fotos y las historias que aquí presentamos.

Muchas otras personas ayudaron a hacer que éste proyecto se hiciera realidad:

Equipo en UW: Verónica Guajardo, Bryce Newell, Cherry Wang, Christopher Setzer, Hadiza Ismaila, Juan Carlos Rodríguez, Katya Yefimova, Korissa McGlocklin, Mantra Roy, Philip Reed, y Staci Fox.

Equipo en Casa Latina: Araceli Hernandez, Esteban Ginocchio-Silva, y Gilda Blanco.

Equipo en Colombia: Luis Miguel Carvajal, Luis Fernando Barón, Mauricio Beltrán, Natalia Escobar, y Oscar Iván Trejos.

Diseño gráfico: Katie Mayer.

Fotohistorias fue un proyecto del trimestre sabático de Ricardo Gómez, Profesor Asociado, con Sara Vannini, investigadora post-doctoral, en la Facultad de Información de la Universidad de Washington, Seattle, E.E.U.U.

Table of Contents

Tabla de Contenidos

Introduction | WHAT IS FOTOHISTORIAS?

This book offers a collection of photos and stories by migrants in three different contexts and moments of their migration journeys: in the transient moment of living at the U.S.-Mexico border, in the more established life as day laborers in Seattle, Washington, and in some of the source communities where migrants take off from or return to (or where they don't want to leave), in Cali and Bahía Málaga, in the region of Buenaventura in Southern Colombia.

The work of Fotohistorias is the result of an urge to understand and re-value the experience of migration from the perspective and everyday life of migrants , especially those who are most marginalized and impoverished in society. Fotohistorias builds on our work of several years with Casa Latina, an organization that serves Hispanic day laborers and domestic workers in Seattle. Through this work we seek to humanize the debate about immigration reform in the U.S., and to offer compelling evidence, in the form of photos and stories, about the lives, aspirations, dreams and contributions of migrants to the economy, culture and society of the U.S.

Fotohistorias is a structured and yet open-ended method to document the life experiences of the participants through photography and conversation. In each community we asked participants to take pictures about their daily lives using inexpensive digital cameras (sometimes participants used their own devices, primarily cell phones, or drew from their existing collections of pictures, primarily from Facebook) and then held semi-structured conversations about the pictures they brought to us. During the conversations we could ask about what they saw in the pictures, why they took them, what the images made them think of, etc. This approach generally allowed for in-depth conversations about participants' experiences, feelings and motivations in ways that may be more difficult to achieve through interviews alone. The interviews were analyzed using qualitative analysis software to help elicit emerging themes, as well as differences and similarities across each of the field settings.

The results that we present here are mostly visual, the photos taken by participants and by the research team, accompanied by fragments of their stories and testimonials, translated and edited for brevity and clarity. The faces of some participants were anonymized and their names changed to protect their identities. In this book we kept texts and analysis as brief as possible. More in-depth analysis of the themes and the relations between them is presented in academic papers and other research products, and more detailed transcripts of stories and photos by participants are available online, at www.fotohistorias.org.

All proceeds from the sale of this book go to support the mission of Casa Latina in Seattle, Washington. Available from Amazon.com and other retail outlets.

Introducción |

Este libro ofrece una colección de fotos e historias de migrantes en tres contextos y momentos diferentes de sus trayectorias de migración: En el momento transitorio de vivir en la frontera entre Estados Unidos y México, en la vida más establecida trabajando como jornaleros y jornaleras (trabajadoras domésticas) en Seattle, Washington, y en algunas de las comunidades de origen de donde provienen o a donde regresan (o de donde no se quieren ir) en la región de Cali y Buenaventura, en el sur de Colombia.

El trabajo de Fotohistorias es el resultado de una urgencia por entender y revalorar la experiencia de la migración desde la perspectiva y vida cotidiana de los migrantes, especialmente los de los sectores más marginados y empobrecidos de la sociedad. Fotohistorias construye sobre un trabajo de varios años en colaboración con Casa Latina, una organización que trabaja por el bienestar y empoderamiento de trabajadores jornaleros y trabajadoras domésticas en Seattle. A través de este trabajo buscamos humanizar el debate sobre la reforma de inmigración en los Estados Unidos, y ofrecer una evidencia convincente, en la forma de fotos e historias, sobre las vidas, aspiraciones, sueños y contribuciones de los y las migrantes a la economía, cultura y sociedad en los EEUU.

Fotohistorias es una metodología estructurada y a la vez abierta que permite documentar las experiencias de vida de los y las participantes a través de fotografías y conversaciones informales. En cada comunidad invitamos a los y las participantes a tomar fotos sobre su vida cotidiana usando cámaras digitales sencillas (algunas veces los participantes usaron sus propios aparatos, principalmente sus teléfonos celulares, o tomaron fotos de sus colecciones pre-existentes, principalmente de Facebook), y después sostuvimos con cada uno y cada una conversaciones semiestructuradas sobre las fotos que nos trajeron. Durante las conversaciones les preguntamos sobre qué veían en las fotos, por qué las tomaron, qué les hace pensar esta o aquella imagen, etc. Este procedimiento generalmente permitió conversaciones profundas sobre las experiencias, sentimientos y motivaciones de los y las participantes en formas que pueden ser mucho más difíciles de conseguir con entrevistas solamente. Las entrevistas fueron analizadas usando un programa informático para análisis cualitativo para ayudar a encontrar los temas y subtemas emergentes, así como las similitudes y diferencias a través de los diferentes sitios y participantes.

Los resultados que aquí presentamos son principalmente visuales, con las fotos tomadas por los y las participantes y miembros del equipo de investigación, acompañadas de fragmentos de sus testimonios e historias, traducidas y editadas para mayor claridad y brevedad. Los rostros de algunos participantes fueron anonimizados y sus nombres fueron cambiados para proteger su identidad. En este libro mantuvimos los textos y el análisis lo más corto posible. Análisis más detallados de los temas y de las relaciones entre ellos se presenta en forma de artículos académicos y otros productos de investigación. Transcripciones más extensas de las historias y las fotos de los y las participantes se encuentran en línea, en www.fotohistorias.org.

Todas las utilidades de la venta de este libro serán donadas a Casa Latina en Seattle, Washington, para apoyar su misión. Disponible en Amazon.com y otros puntos de venta.

Fotohistorias Trilogy: Three Settings

Trilogía de Fotohistorias: Tres contextos

1.1   LIFE AT THE BORDER: NOGALES, MEXICO
La Vida en la Frontera: Nogales, México

1.2   LIFE IN THE NORTH: SEATTLE, WASHINGTON
La Vida en el Norte: Seattle, Washington

1.3   LIFE IN THE TERRITORY: CALI AND BAHÍA MÁLAGA, COLOMBIA
La Vida en el Territorio: Cali y Bahía Málaga, Colombia

THREE DIFFERENT SETTINGS

With Fotohistorias, we wanted to capture and understand migrants' life experiences at three vulnerable stages of their migration journeys: First, at a migrant shelter just minutes from the U.S. border in Nogales, Mexico, while receiving services such as food and supplies. Second, at a day labor dispatch center in the North, in Seattle, Washington, while looking for work and struggling to be able to stay in the country. Finally, in the South, in communities that have experience migration and that are now struggling to stay in their hometown and improve their quality of life.

In the three places, we worked in partnership with local organizations to gain entry, recruit participants, and conduct the research on site:

- In Nogales, Mexico, with the non-profit shelter El Comedor, run by the binational NGO Kino Border Initiative, www.kinoborderinitiative.org;
- In Seattle, USA, with Casa Latina, a nonprofit organization that serves the needs of immigrant day laborers and domestic workers, (www.casa-latina.org);
- In Colombia, with the Community Council of the afro-descendants community of La Plata — Bahía Málaga (www.ecomanglar.org), with the Nasa indigenous community of Buena Vista — Buitrera, and with the Fundación Nueva Luz of the community of Siloé — Cali (www.siloecity.com).

Even though the three experiences in Colombia are very different from each other, they offer a common understanding of life from the South, from what some participants call "the territory," offering an important counterpoint to the experiences at the border and in the North.

TRES CONTEXTOS DIFERENTES

Con Fotohistorias queríamos captar y entender las experiencias de vida de los y las migrantes en tres momentos diferentes y vulnerables en sus trayectorias de migración: Primero, en un albergue para migrantes a algunos pasos de la frontera entre EEUU y México, donde se les brinda comida y apoyo. Segundo, en el Norte, en un centro de atención para jornaleros y trabajadoras domésticas, donde los migrantes buscan rehacer y mantener su vida en los Estados Unidos. Por último, en el Sur, en Colombia, con comunidades Afro, Indígenas y periurbanas que han tenido experiencias importantes de migración y donde luchan por quedarse en su territorio y mejorar su calidad de vida.

En cada uno de estos contextos trabajamos en colaboración con organizaciones locales para tener acceso, invitar particpantes, y realizar la investigación en cada lugar:

▶ En Nogales, México, con el albergue El Comedor, un programa de la iniciativa binacional sin ánimo de lucro Iniciativa Kino para la Frontera, www.kinoborderinitiative.org

▶ En Seattle, Washington, EEUU, con Casa Latina, una organización sin ánimo de lucro que sirve las necesidades de inmigrantes jornaleros y trabajadoras domésticas (www.casa-latina.org).

▶ En Colombia, con el Consejo Comunitario de La Plata-Bahía Málaga, una organización de afro-descendientes en el Pacífico colombiano (www.ecomanglar.org); con la Comunidad Indígena Nasa de Buenavista, en Buitrera, en la región de Cali; y con la Fundación Nueva Luz en la comunidad periruna de Siloé, Cali (www.siloecity.com).

Aunque las tres experiencias colombianas son muy diferentes entre sí, nos dan una visión de conjunto de la vida desde el sur, desde el territorio, que ofrece un fuerte contrapunto a las experiencias en la frontera y en el Norte.

1.1

Life at the Border

La Vida en la Frontera

....

NOGALES, MÉXICO

THE BORDER

PHOTO: R. GOMEZ

The Arizona desert is just like I imagined it: dry, hot, and with those giant standing cactus of the movies. Except, there is a line, a streak, a fence, a wall: an immense scar that cuts it in two, that side over there and this side over here. I'm in both, and I can cross freely because I have "papers." But every day there are hundreds of people who don't have those "papers," and venture deep into the desert in search of opportunities they consider are found in the "promised land" of the North, in the United States. They come from all corners of Mexico and Central America (sometimes further), arriving by train, bus or on foot, with a light backpack and heart heavy and loaded with illusions. Others are returning, caught and deported just a few hours after having crossed, others deported after several years of living and working in the USA; almost

always, they want to cross, again. They find themselves in Nogales, a large village split in two by the wall. There is the Nogales, Sonora, where migrants see the wall and await the dusk hour to cross, and there is the Nogales of Arizona, where those who guard the wall watch to ensure anyone who doesn't have those little "papers" does not slip by.

THE MIGRANTS AT THE BORDER

In Nogales, there are migrants that come and go: all are in transition, suspended in a present without time, either recently deported from the North or newcomers from the South. They are here, a place that is not anywhere. "I'm here on the border," says José smiling under a sign (we changed their names and covered their faces, to protect their identities). This is an invisible moment,

6 1.1: LIFE AT THE BORDER

being neither here nor there, coming from somewhere but wanting to be elsewhere. This is the border. There is no justice on the border, especially for those without "papers."

We are here to try to understand the migrant experience in this deep vortex of transition, with their lives in their hands. They have risked or lost it all, except life. Some carry all their belongings in a plastic bag, their entire world carried in a backpack. Many migrants at the border don't know where they will eat or sleep that night, or where they will be the next day. They are all in the same boat in the same desert, united by the shared impermanence of living in the moment; instant friends that will never see each other again, once breakfast ends- this dinner, this night, this moment of peace that the shelter offers. The shelter is a place of passage, a safe refuge from hunger and thirst,

This is the wall that traverses Nogales, that which separates the desert "over here" and the desert of "over there," the wall that splits the heart of the migrant. The graffiti on the borderline wall affirms its irony: People without Borders.

sun and rain, gangs and police, recruiters and "coyotes," smugglers and thieves . . .

From this place of suspended time, migrants wonder when they will go North to cross the desert and pursue their dreams, or when they will go South and return to their place of origin. Where do they "come back to"? Where is "onward" and where is "back"? Many come from the South fleeing violence, unemployment, poverty, and lack of opportunity; some have friends and families waiting somewhere in California or Nevada or New York; they travel North in search of something better for themselves, their families, their future. Others come from the North, deported after trying to cross one or more times, sometimes after living years in US, where they have children, husbands,

*In this trip to Nogales I bring digital cameras and the idea of lending them to migrants for a few hours and overnight, to document their life in this place of passage, the threshold between here and there. It is their photographs and words that tell their story. The project is called **Fotohistorias**. Photos and stories of life at the border. This is the first location. The first part of the trilogy.*

wives, a home, work. Where do they "come back to"? Do they solely return to their place of origin, where they are born and raised? For some migrants, this would be a defeat, there's no future back there, while others see it as a lifeline, better alive than in jail or dead. Is "return" a trip back to the North, where they lived undocumented, but where families, friends, jobs, children born in the North await them? Where does the soul of the migrant live?

Deported, the Border Patrol leaves them at the border, their belongings in a plastic bag, and the threat of a long prison sentence if they are caught again. They have been detained for a few days if the first time, or a few months if it's been more, and if lucky, they are given a check for the cash they carried when arrested. A check is useless once they

are on the other side of that wall. They tell me: "I know I was entering illegally, but why do they treat me as a criminal when I have not killed anyone, not stolen from anyone? It is not a crime to work to support your family." The worst part of the detention is the abuse and indignity.

These migrants tell me their stories during several days at "El Comedor" (the Dining Room), a service of the Kino Border Initiative, a binational project (Mexico-U.S.) of the Catholic Church, part of the social work of the Jesuits. Twice a day, "El Comedor" offers migrants food, clothing, telephone calls, aid in cashing checks, some medical attention, and perhaps most importantly, migrants receive a warm and welcoming reprieve that helps restore their dignity. We all have rights, and human rights do not vanish because you are a migrant.

LA FRONTERA

PHOTO: R. GOMEZ

El desierto de Arizona es tal como lo pintan: seco, caliente, y con esos cactus gigantes de las películas. Sólo que tiene una línea, una raya, una cerca, un muro: una cicatriz inmensa que lo corta en dos, el lado de allá y el lado de acá. Yo estoy en ambos, y puedo cruzar libremente porque tengo un papelito. Pero cada día hay cientos de personas que no tienen el papelito, y que se adentran en este desierto en busca de oportunidades en lo que consideran la "tierra prometida" del norte, los Estados Unidos. Vienen de todos los rincones de México y Centro América (y a veces de más lejos), llegan en tren, en bus o a pie, con una mochila ligera y el corazón cargado de ilusiones. Otros vienen de regreso, deportados después de unas horas de haber cruzado o de unos años de haber vivido y trabajado en USA, y casi siempre quieren volver a cruzar. Se encuentran en Nogales, un pueblo grande que está partido en dos por el muro. Hay un Nogales, Sonora, donde están los migrantes que miran el muro y esperan la hora de cruzarlo, y un Nogales, Arizona, donde están los que cuidan el muro y miran que no se pase nadie que no tenga el papelito.

LOS MIGRANTES EN LA FRONTERA

En Nogales se encuentran los migrantes que vienen y los que van: todos están, suspendidos en un presente sin tiempo, recién deportados del Norte o recién llegados del Sur. Están aquí, un lugar que no es ninguna parte. "Yo estoy aquí, en la frontera", dice José sonriendo debajo del letrero (todos son Josés y Marías, para proteger sus nombres verdaderos). Este es

un momento invisible de no estar ni aquí ni allá, viniendo de un sitio pero queriendo estar en otro. Ésta es la frontera. En la frontera no hay justicia, especialmente para quienes no tienen papelito.

Estamos aquí para tratar de entender cómo es la experiencia del migrante en este vértice profundo de estar de paso, con la vida en las manos. Lo han arriesgado o perdido todo, menos la vida. Algunos tienen todas sus pertenencias en una bolsita plástica, el mundo entero cargado en su mochila.

Muchos migrantes en la frontera no saben dónde van a comer o dónde van a dormir esa noche. No saben dónde estarán mañana. Se encuentran todos en el mismo barco en el desierto, unidos por la misma existencia transitoria de vivir en el momento. Amigos instantáneos que no se volverán a ver nunca, una vez se termine este desayuno, esta cena,

Este es el muro que atraviesa Nogales, el que separa el desierto de aquí del desierto de allá, el muro que abre en dos el corazón de los migrantes. Un grafiti afirma la ironía escrita en el muro fronterizo: Pueblo sin Fronteras.

esta noche, este momento de paz que les brinda un albergue. El albergue es un lugar de paso, un refugio seguro para protegerse del hambre, del sol, de las pandillas, de la policía, de los enganchadores y coyotes, de los estafadores. . .

Desde este vértice del tiempo, los migrantes se preguntan cuándo saldrán hacia el Norte, a cruzar la línea y el desierto, o si saldrán más bien hacia el Sur, a regresar a su lugar de origen? A dónde se regresa? Hacia dónde es adelante, y hacia dónde es atrás? Unos vienen del Sur, huyendo de la violencia, el desempleo, la pobreza, o la falta de oportunidades; unos tienen amigos y familiares que los esperan en alguna parte, en California o en Nevada o en Nueva York; todos van al Norte en

*En este viaje, traigo a Nogales unas cámaras fotográficas digitales, y la idea de prestárselas a los migrantes por unas horas, de un día para otro, para que documenten su vida en este lugar de paso, en el vértice de la frontera, el umbral entre aquí y allá. Que sean sus fotos y sus palabras las que cuenten su historia. El proyecto se llama **Fotohistorias**. Éste es el primer sitio donde vamos. La primera parte de la trilogía.*

frontera con lo que llevan puesto, una bolsa plástica con sus pertenencias, y la amenaza de prisión más larga si los vuelven a agarrar. Han estado presos unos días, si es la primera vez, o unos meses, si son varias, y si tienen suerte les han entregado un cheque a cambio del dinero que llevaban cuando los arrestaron. Un cheque que no sirve de nada una vez están de este lado de la raya. A algunos los han golpeado, a muchos los han insultado, tratándolos como criminales. Me dicen los migrantes: "Yo sé que estaba entrando ilegalmente, pero por qué me tienen que tratar como un criminal, cuando yo no he matado a nadie, no he robado a nadie? No es un crimen trabajar para mantener a tu familia." Lo peor de la detención es el maltrato y la indignidad.

Los migrantes me cuentan sus historias, mientras estoy unos días en El Comedor, un servicio de la Iniciativa Kino para la Frontera, un proyecto binacional (México-EEUU) de la iglesia católica, parte de la obra social de los Jesuitas. Dos veces al día, en El Comedor los migrantes reciben comida, ropa, llamadas telefónicas, ayuda para cambiar cheques, algo de atención médica, y tal vez más importante, los migrantes tienen allí un recibimiento cálido y cariñoso que busca ayudar a restituirles su dignidad. Todos tenemos derechos, y los derechos humanos no se pierden por ser migrante.

busca de algo mejor para sí mismos, para sus familias, para su futuro. Otros vienen del Norte, deportados después de intentar cruzar una o varias veces, o después de vivir años en USA, donde tienen hijos, esposos, esposas, casa, trabajo. ¿A dónde se regresa? ¿Se regresa sólo al lugar de origen, donde nacimos o crecimos? Para unos migrantes esto sería una derrota, allá no tengo ningún futuro, mientras que para otros esto es una tabla de salvación, mejor vivo que preso o muerto. ¿O se regresa a donde hemos vivido ya un tiempo, indocumentados, pero donde nos esperan los hijos, nacidos en el Norte, o la familia, que cruzó con nosotros, aunque este regreso implique volver a cruzar el desierto? ¿Dónde vive el alma del migrante?

Deportados, la migra los deja en la

1.2

Life in the North

La Vida en el Norte

SEATTLE, WASHINGTON

SEATTLE: CASA LATINA

PHOTO: S. VANNINI

Seattle is now our home, though we were not born here. Ricardo was born in Canada, but grew up in Colombia, and now lives in Seattle, where he is on the faculty at the University of Washington. Sara is Italian, studied for her PhD in Switzerland, and is now doing a postdoc at the University of Washington. We are both at home in a place that is not our home. Where is home?

Seattle is home to many Hispanic migrants (and migrants from around the world), and for our exploration of migration, culture and identity through participatory photography we worked with Casa Latina, a nonprofit organization in Seattle that seeks "to empower Latino immigrants through educational and economic opportunities" (mission statement,

PHOTO: R. GOMEZ

PHOTO: R. GOMEZ

PHOTO: S. VANNINI

www.casa-latina.org). We have collaborated with Casa Latina for a number of years, helping them understand the information needs and practices of the Latino workers, helping set up a computer training center, and other activities related to information, technology, and community development. All proceeds from the sale of this book will go to help fund the mission of Casa Latina.

Casa Latina workers show up every day before 7 am to be part of the pool that gets dispatched to work for employers who call in seeking labor for landscaping, construction, moving, house cleaning, and other jobs around Seattle. But workers find much more than job opportunities. At Casa Latina they find a community of friends and support, opportunities for learning new skills (useful for jobs, such as how to prune a fruit tree or how to lay cobblestones, but also including English language, computer skills, occupational safety, immigration rights, etc.), and especially, at Casa Latina they find a place that treats them with dignity and respect. Based on the participatory practices of popular education, workers at

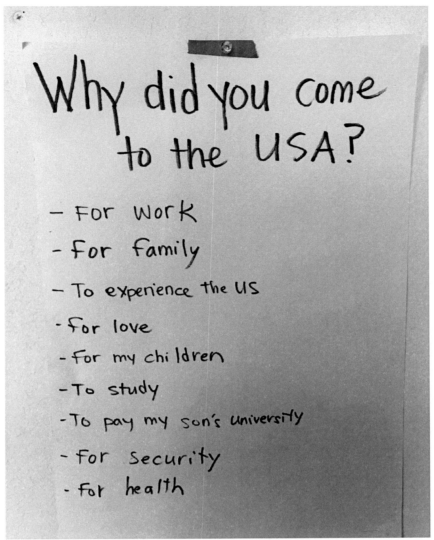

Why did you come to the USA?

- For work
- For family
- To experience the US
- For love
- For my children
- To study
- To pay my son's university
- For security
- For health

PHOTO: R. GOMEZ

Casa Latina participate in deciding what they do and how: they set their own wages for different occupations (higher than current legal minimum wage), they collectively explore new opportunities, resolve their grievances, and celebrate their accomplishments. They participate in marches and protests (as they proudly show in the photos they shared with us), and feel they have a voice and a space to grow. Thanks to Casa Latina, they feel more at home.

We invited workers to participate in Fotohistorias, and their interest slowly picked up. By the time we wrapped up and started showing some of the results with the workers during morning assemblies, many more wanted to participate! Their voices are as varied as their experiences, and as Latino migrants, they all embody the tension between being "here" and being "there" in different ways. Unlike the migrants at the border, they want to show their faces (and in most cases, their names). They are proud to be contributing to society, and they want their voices to be heard. We hope Fotohistorias will help.

SEATTLE: CASA LATINA

PHOTO: S. VANNINI

Seattle es nuestra casa ahora, aun cuando no nacimos aquí. Ricardo nació en Canadá, creció en Colombia, y ahora vive en Seattle, donde es profesor en la Universidad de Washington. Sara es italiana, estudió su doctorado en Suiza, y está ahora haciendo un post-doctorado en la Universidad de Washington. Ambos estamos en casa en un lugar que no es nuestro. El concepto de "home" no traduce bien al Español, porque está a mitad de camino entre hogar y sentido de pertenencia. ¿Dónde es nuestro hogar, el lugar a donde pertenecemos?

En Seattle viven muchos migrantes hispanos (y muchos otros de todas partes del mundo). Para nuestra exploración sobre la migración, la identidad y la cultura a través de

PHOTO: R. GOMEZ

Como comprar y sacarle jugo a un smartphone

Fechas y temas

2/27 Como comprar un smartphone
3/6   Como navegar con mapas
3/13 Como usar email y facebook
3/20 Como llamar gratis con skype
3/27 Como aprender inglés
4/3   ¡Como jugar!

| Cuándo | 10:30am-12:30pm |
| Dónde | Aula 303 |

CASA

1.2: LA VIDA EN EL NORTE

PHOTO: S. VANNINI

la fotografía participativa trabajamos con Casa Latina, una organización sin ánimo de lucro en Seattle que busca "empoderar a los y las inmigrantes Latinas a través de oportunidades económicas y educativas" (misión, www.casa-latina.org). Hemos colaborado con Casa Latina por varios años, ayudándoles a entender las necesidades y prácticas de información de los y las trabajadoras latinas, ayudando a montar un centro de capacitación en computadoras, y otras actividades relacionadas con información, tecnología, y desarrollo comunitario. Todas las utilidades de la venta de este libro serán donadas para ayudar a financiar la misión de Casa Latina.

Las y los miembros de Casa Latina llegan todos los días antes de las siete de la mañana para participar en la rifa que asigna grupos para ser despachados a empleos. Los patrones llaman buscando trabajo en jardinería (yarda), construcción, mudanza, aseo de casas, y otros trabajos alrededor de Seattle. Pero en Casa Latina los y las trabajadoras encuentran mucho más que oportunidades de trabajo. En Casa Latina encuentran una comunidad de amistades y apoyo, oportunidades para aprender nuevas habilidades (cosas prácticas que sirven en el trabajo, como cómo podar un árbol frutal o cómo instalar adoquines, pero también clases de Inglés, computación, seguridad ocupacional, derechos migratorios, etc.), y especialmente, en Casa Latina

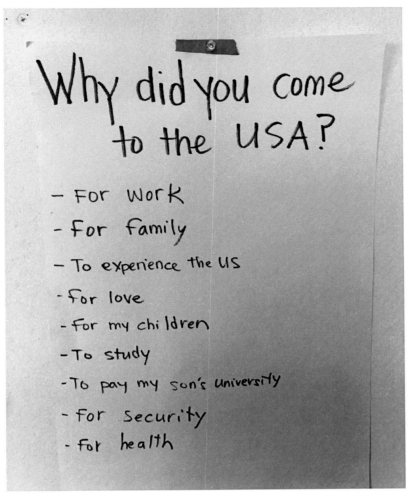

Why did you come
to the USA?

- For work
- For family
- To experience the US
- For love
- For my children
- To study
- To pay my son's university
- For security
- For health

PHOTO: R. GOMEZ

encuentran un lugar donde son tratados con respeto y dignidad. Basados en las prácticas participativas de la educación popular, los trabajadores y trabajadoras de Casa Latina participan en la gestión de lo que hacen y cómo: establecen sus propias tarifas horarias para diferentes tipos de trabajo (más altas que el salario mínimo vigente), exploran colectivamente nuevas oportunidades, resuelven sus conflictos, y celebran sus logros. Participan en marchas y protestas (lo muestran con orgullo en las fotos e historias que compartieron con nosotros), y sienten que tienen una voz y un espacio para crecer. Gracias a Casa Latina se sienten que tienen un lugar a dónde pertenecen.

Invitamos a los y las trabajadoras de Casa Latina a participar en Fotohistorias, y su interés fue creciendo gradualmente. Cuando llegó el momento de mostrarles algunos de los resultados durante las asambleas de los jueves, ¡muchos más querían participar! Sus voces son tan variadas como sus experiencias, y como inmigrantes latinos/as, viven la tensión entre estar "aquí" y estar "allá" de maneras diferentes. A diferencia de los migrantes de la frontera, los de Casa Latina quisieron mostrar sus rostros (y en la mayoría de los casos, usar sus nombres). Se sienten orgullosos/as de estar contribuyendo a la sociedad, y quieren que sus voces sean escuchadas. Esperamos que Fotohistorias pueda ayudar a conseguirlo.

1.3

Life in the Territory

La Vida en el Territorio

....

CALI, COLOMBIA

THE TERRITORY

PHOTO: S. VANNINI

The third part of Fotohistorias Trilogy took place in the region of Cali, Colombia. We organized it together with Luis Fernando Barón, a colleague at Icesi University and ex doctoral student of Ricardo's at the University of Washington. Here, we wanted to reach communities of different kind, to reflect the richness and variety of the region. Cali is one of the most important industrial cities of the country and has been an attractive center for migrants from the countryside, displaced either by the violence or by poverty. Cali was a stage of social and political fights that involved ancestral indigenous people and afro-descendant communities, who now, thanks to the Constitution of 1991, benefit of special autonomy and self-determination rights.

In the Cali region we end up investigating the theme of identity and culture — in relation to migration — by using the Fotohistorias methodology in three different places: an afro-descendant community, and indigenous community, and a marginalized community with a long history of political activism. Migration plays an important role in all of them. All of them experienced migration, either from the countryside to the city, or from there to the United States and, more recently, to other Southern American countries. In all of them, however, the urgency to build one's own place of belonging is expressed, a place from where people would not want to migrate, and where who have fled would rather come back. The three communities live the experience of creating a territory where to stay and not to leave. The differences among the three communities could constitute an entire book. What we want to do here, though, is to stress the similarities and complementarities among their experiences, so to better understand also the other two contexts that we study — the life in the North and the life at the Border — as well as the difficult topic of identity and culture from the perspective of migration.

TOP PHOTO: R. GÓMEZ; BOTTOM PHOTO, L. ZUÑIGA

PHOTOS: R. GOMEZ

INDIGENOUS COMMUNITY OF BUENAVISTA, CALI

The indigenous chief of Buenavista, Juan Carlos, greets us with a smile and with his two years old son Diego, who does not move away from him. Buenavista is part of the Association of Indigenous Councils of Northern Cauca (ACIN), which brings together nearly 200,000 indigenous people in southwestern Colombia. Buenavista is a recent neighborhood constituted less than ten years ago to group about 200 Indigenous families along with Caucasians, Blacks and Mestizos — most of them peasants who have migrated to the city — who organized themselves to occupy a steep hillside on the outskirts of Cali. This way they would be able to live not scattered through the neighborhoods of the city anymore, but in the neighborhood of their own (even if they do not own its property, yet), and to operate as autonomous indigenous council, as the other members of the ACIN. Getting here is not easy, due to the poor state of the roads. When you get there, however, the view is

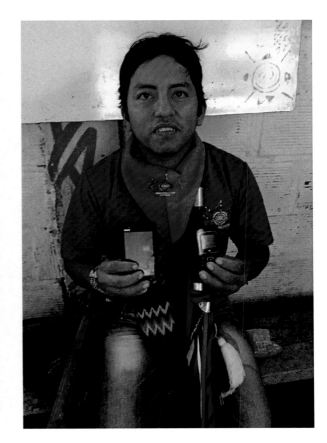

PHOTOS: R. GOMEZ

impressive, true to the name Buenavista (Good View). It all started with a group of informal houses made of bamboo and fabric on the muddy slopes. The community has been improving drainage and public services, and building brick houses. Now they have a playground and a soccer field. The Indians live in there, in Cali, but many have roots and relatives in Santander de Quilichao, Toribio, Caloto, or one of the other Nasa indigenous communities in the region. The people of Buenavista come and go from the rural areas to the city, moving between the ancient community in the countryside and the suburb of Cali, in search of work. The roots are there, here is a living. The future has to be built.

In Buenavista, we adapted the methodology for a moving community, where many participants would probably stay until the end of our visit. In small groups, we discussed the issues and places that are important for them, and then we went together to take some pictures. We looked at them and chose one, and we talked a little more about what the photo told us about their life, their community, their experience. Much of the richness of the conversations took place at the fringes, escaped Fotohistorias, and we regret its absence in this collection of images (Juan Carlos shows us his two cell phones, a simple one with a SIM card to make calls, a Smart Phone without SIM card but with camera, useful to upload things to Facebook when you go to a cybercafé or find free WIFIs in a mall or in a local institution). Buenavista is a modern Indigenous neighborhood that coexists with other marginalized communities in the country at the outskirts of the industrial city of Cali.

AFRO-DESCENDANT COMMUNITY OF BAHÍA MÁLAGA

From Cali, a road in eternal construction goes down to the Pacific Ocean, reaching the harbor of Buenaventura, the most important of the Colombian Pacific. Two hours by boat from Buenaventura, we reach Bahía Málaga, one of the most beautiful and of highest biodiversity places in the world.

"Cousin! What's up?" They greet you, making you feel like family. In the community, the elders are uncles or aunts, and people of the same age are cousins. Going across the places of the bay is like walking through the stories of each person who either was born or got here. The physical path is the path through the heritage of the territory. The friendly greeting from the people from Málaga is an invitation coming from their heart to meet their physical and personal places. They open their homes and show us the stories that are hidden in their eyes through images. Bahía Málaga smells like chontaduro (peach palm), wet wood, rain and humidity. It smells like fresh coffee in the morning, like the 'Tapao Sabalo' with plantains that Mrs. Isaura prepares for breakfast. It sounds like marimba, like the tide that rises and falls, and to the rowing paddle in and out of the estuaries day after day. It sounds like the rain that lulls at night on the roof, it sounds like the walks of the Málaga people on the cobbled beaches, like the fish while frying, like the walks in the mud and the piangua a shell fish) when is fished. It sounds like the happiness of its inhabitants, the energetic laughter of Hoovert, Ferney and all those who make this a place what it is. Bahía Málaga tastes like the Pacific, a Pacific that is recorded in the senses and feels in the skin, and that you need when you are just gone.

The community organization and political vision of the leaders of the Community Council of Bahía Málaga are very clear: they want to build a place where it is worthwhile to stay and live. As Porfirio told us, "it is true that there is poverty here, but there is also tranquility and beauty." That does not

change for anything. In the last decade, the local organization together with national and international pressures succeeded in moving the plan to build a deep-water port in the bay towards creating a natural park of 47,000 hectares: the Uramba Bahía Málaga Natural Park. Protected by the rights of the constitution of 1991, the Community Council of La Plata — Bahía Málaga won the recognition and the collective property title over thousands of hectares of land, which they manage as an environmental resource for the benefit of the community. Recently, they started an ecotourism project in the territory, seeking to preserve their biological and cultural diversity and to improve the quality of life of their people, so that the young people and the future generations can remain in the territory, so that they do not want to go away anymore. The community is committed to a unique history of peace, protection of the environment, good governance and community development, which contrasts with the stories of violence and exploitation that have involved the country and the region for decades.

This is an isolated and inaccessible bay where even the whales want to come back because here is where they were born. It is a bay surrounded by the jungle and the ocean, and connected through the sea to a single road that ties it to the rest of the country; a corner that looks like a humid tropical paradise where the vegetation covers everything that was built, and where even the wooden houses have an air of magic realism. Here we came to explore issues of identity and culture through Fotohistorias. In Bahía Málaga, we invented the "imaginary pictures," the ones we first imagine when talking and then went out to create, as a variation of the methodology we used in the rest of the study. Late at night, talking about the role of the game of dominoes in the transmission of knowledge, we realized that in the morning we would have to take a picture of a game of dominoes, to illustrate what we talked about. Bahía Málaga has magical realism even in its version of Fotohistorias.

This section includes contributions by Natalia Escobar.

PHOTOS: S. VANNINI

SILOÉ, CALI

"Sarita, you have to go to Siloé. I have the contact," says Lucho, a student from Icesi. Siloé is not the place where the people from Cali would recommend you to go, especially without a local contact. But, through Lucho, we get to know David, and through David, we see and hear the stories of what the locals call "Siloé City."

We meet David Gomez of the Fundación Nueva Luz in the museum that he created himself, in his house, to be able to tell the history of the neighborhood and of its people, and for the local children to learn it. The Siloé Heritage Museum is constituted of two rooms filled with different kinds of objects, newspaper clippings, photographs, banners, testimonials written on the walls. The collections are not closed behind cabinets or arranged in shelves with order. They are placed there, where anyone can touch them. They are there to be touched, manipulated, told and retold. Through word of mouth, the stories are transformed,

and a lamp becomes a Molotov. This is how memory is. In Siloé, we talk with the locals, we ask them to take photos and we interview them, and at the same time they take photos of us and record us on videos to be uploaded to the YouTube channel of Fundación Nueva Luz on that very same day.

The museum teaches us that Siloé is a

PHOTO: S. VANNINI

semi-informal neighborhood located on a hill above Cali. It was established as an informal group of houses at the beginning of the twentieth century, initially to accommodate foreign miners working in the area, and then peasants displaced by the war of the late 40s. Displaced people, mostly illiterate, were not welcome among the bourgeoisie of Cali, which preferred to separate them on the slopes of the hill of Siloé. The history of the neighborhood gets complicated in the late 70s, when the insurgent militias of the guerrilla group M-19 moved to Siloé. In this way, the hill and its narrow streets were transformed into a military trench, where violence, crime and shootings, perpetuated by both government forces and paramilitaries, became part of everyday life. Then, the drug traffic came.

The stories, hanging on the walls of the museum and told in the narrow passages of the neighborhood, tell of a difficult relationship with government forces, and of a neighborhood that was built, collapsed,

burned and rebuilt many times. The community is commonly associated with its history of conflict, violence, cartels, drug trafficking and insecurity. However, despite being forgotten by the authorities and stigmatized by the public opinion, the community of Siloé works to improve their life in their territory. With David, we go through their achievements: bringing water and electricity to almost all households, taking ownership of a park as a public space, organizing cultural events, starting a radio station, and establishing other collective communication activities that promote a different image of Siloé. An image that is new and that does not perpetuate the same old stigma of violence and poverty, but rather boost self-esteem and sense of belonging to the community of the neighborhood. Through the photos and stories by David, we observe the community of Siloé that builds a prosperous future in their territory.

This section includes contributions by Luis Miguel Carvajal.

EL TERRITORIO

PHOTO: S. VANNINI

La tercera parte de la Trilogía de Fotohistorias fue en la región de Cali, Colombia. La organizamos conjuntamente con Luis Fernando Barón, colega en la Universidad Icesi y antiguo estudiante de Ricardo en la Universidad de Washington, y buscamos llegar a diferentes tipos de comunidades que reflejan la riqueza y variedad de la región. Cali es una de las ciudades industriales más importantes del país, y ha sido centro de atracción para migrantes del campo, desplazados por la violencia o por la pobreza. Cali ha sido escenario de luchas sociales y políticas que incluyen pueblos indígenas ancestrales y comunidades de afrodescendientes, los cuales gozan de derechos especiales de autonomía y autodeterminación gracias a la Constitución de 1991.

Es así como en la región de Cali terminamos investigando el tema de la identidad de la cultura (en relación con la migración) usando la metodología de Fotohistorias en tres lugares diferentes: una comunidad afrodescendiente, una comunidad indígena, y una comunidad marginal con larga historia de activismo político. En todas tres la migración juega un papel importante. En todas ha habido migración del campo a la ciudad, o migración a EEUU y, más recientemente, a otros países de Sur América. Pero en todas hay una urgencia por construir un lugar propio de donde la gente no quiera migrar, donde los que se han ido quieran regresar. En las tres comunidades se vive la formación de un territorio para no migrar. Las diferencias entre las tres darían para hacer un libro aparte, sin embargo preferimos aquí enfatizar las similitudes y complementariedades para entender mejor las experiencias de los otros dos contextos que estudiamos, la vida en el Norte y la vida en la Frontera, y para entender mejor el asunto complejo de la identidad y la cultura desde la perspectiva de la migración.

TOP PHOTO: R. GÓMEZ; BOTTOM PHOTO, L. ZUÑIGA

1.3: LA VIDA EN EL TERRITORIO

COMUNIDAD INDÍGENA DE BUENAVISTA, CALI

El Gobernador Indígena de Buenavista, Juan Carlos, nos recibe sonriente en compañía de su hijo Diego de dos años, quien no se aparta de su lado. Buenavista hace parte de la Asociación de Cabildos Indígenas del Norte del Cauca (ACIN), que reúne a casi 200,000 indígenas en el suroccidente de Colombia. Buenavista es un barrio reciente que agrupó hace menos de diez años a unas 200 familias indígenas, además de blancos, negros y mestizos, la mayoría de ellos campesinos que han migrado a la ciudad, que se organizaron para ocupar una ladera empinada en la periferia de Cali. Así no vivirían más dispersos por los barrios de la ciudad, sino en un barrio propio (aunque aún no tienen

títulos de propiedad), operando como cabildo indígena autónomo, como los otros cabildos miembros de la ACIN. Llegar allí no es fácil, por el mal estado de las vías, pero la vista es espléndida, haciendo honor a su nombre, Buenavista. Todo empezó con un

PHOTOS: R. GOMEZ

grupo de cambuches de guadua y telas sobre las laderas lodosas. Pero la comunidad ha ido mejorando los drenajes y los servicios públicos, y construyendo casas de ladrillo, y ahora tienen un parque infantil y cancha de fútbol. Los indígenas viven en allí en Cali, pero muchos tienen raíces y familiares en Santander de Quilichao, Toribío, Caloto, o alguna de las otras comunidades indígenas Nasa de la región. Los habitantes de Buenavista van y vienen del campo a la ciudad, se mueven entre la comunidad ancestral en el campo y el barrio periférico de Cali en busca de trabajo. Allá están las raíces, aquí está el sustento. El futuro está por construirse.

En Buenavista adaptamos la metodología porque la comunidad es móvil y no sabíamos cuántos participantes se quedarían hasta el final. En pequeños grupos conversamos sobre los temas y los lugares importantes para ellos/as, y luego fuimos juntos a tomar unas fotos. Las miramos y elegimos una, y conversamos un poco más sobre lo que la foto nos decía sobre su vida, su comunidad, su experiencia. Mucha de la riqueza de las conversaciones se dió en las márgenes, se escapó de las fotohistorias, y lamentamos su ausencia en esta colección de imágenes (Juan Carlos nos muestra sus dos celulares, uno sencillo con SIM para hacer llamadas, el otro un smart phone sin SIM pero con cámara, útil para subir cosas a Facebook cuando va al cibercafé o se cuelga del WIFI gratuito de un Centro Comercial o de alguna institución local). Buenavista es un barrio indígena moderno, que convive con otras comunidades marginadas del país en la periferia de la ciudad industrial de Cali.

COMUNIDAD AFRODESCENDIENTE DE BAHÍA MÁLAGA

De Cali se baja al Océano Pacífico por una carretera en eterna construcción, y se llega al puerto de Buenaventura, el puerto más importante del Pacífico colombiano. A dos horas en lancha de Buenaventura está Bahía Málaga uno de los lugares más bellos y de más alta biodiversidad en el mundo.

´Primo! ¿Cómo fue?' te saludan, haciéndote sentir en familia. En la comunidad los mayores son tíos o tías y los pares son primos. Recorrer los lugares de la bahía es recorrer las historias de cada persona que ha nacido, o que ha llegado hasta aquí. El recorrido físico es el recorrido de las memorias sobre el territorio. El saludo amable de los Malagueños es una invitación desde el corazón a conocer sus lugares físicos y personales, abren sus casas y nos muestran a través de las imágenes las historias que esconden sus ojos. Bahía Málaga huele a chontaduro, a madera mojada, lluvia y humedad. Huele a café recién hecho en la mañana, al 'Tapao de Sabalo' con patacones que prepara Doña Isaura para desayunar. Suena a marimba, a la marea que sube y baja, y al bogar del canalete que entra y sale de los esteros día a día. Suena a la lluvia que arrulla en las noches sobre los techos, suena al caminar de los malagueños en las playas empedradas, al pescado mientras se fríe, al caminar en el lodo y a la piangüa cuando se saca. Suena a la alegría de sus habitantes, la risa enérgica de Hoovert, Ferney y todos aquellos que hacen de este el lugar que es. Bahía Málaga sabe a pacifico, un pacífico que se graba en los sentidos y se siente en la piel, y que te hace falta apenas de vas.

La organización comunitaria y la visión política de los líderes del Consejo Comunitario de Bahía Málaga son clarísimas: quieren construir un territorio donde valga la pena quedarse a vivir. Como nos dijo Porfirio, "es cierto que aquí hay pobreza, pero aquí hay tranquilidad y belleza." Eso no se cambia por nada. En la última década la organización local

y la presión nacional e internacional lograron cambiar los planes de construir un puerto profundo en la bahía, y crear más bien un parque natural de 47,000 hectáreas: el Parque Natural Uramba Bahía Málaga. Amparados por los derechos de la constitución de 1991, el Consejo Comunitario La Plata — Bahía Málaga logró reconocimiento y título de propiedad colectiva sobre miles de hectáreas de tierra, las cuales maneja como recurso ambiental para el beneficio de la comunidad. Hace poco comenzaron un proyecto de ecoturismo en el territorio, con el que buscan conservar su diversidad biológica y cultural, y mejorar la calidad de vida de su gente, para que los jóvenes y las generaciones futuras puedan quedarse en el territorio, para que no se quieran ir. La comunidad se ha comprometido con una historia única de paz, medio ambiente, buen gobierno y desarrollo comunitario, la cual contrasta con las historias de violencia y explotación que han envuelto al país y a la región por décadas.

Ésta es una bahía aislada e inaccesible donde hasta las ballenas quieren regresar porque allí es donde nacieron. Es una bahía rodeada por selva y océano y conectada por mar a una sola carretera que la une al resto del país; un rincón que más parece un paraíso del trópico húmedo en el que la vegetación cubre todo lo construido, y en el que hasta las casas de madera tienen un aire de realismo mágico. Aquí vinimos a explorar con Fotohistorias las cuestiones de identidad y cultura. En Bahía Málaga inventamos las "fotos imaginarias," las que imaginamos primero conversando y luego fuimos a crear, como variante de la metodología que usamos en el resto del estudio: conversando tarde en la noche sobre el papel del juego de dominó en la transmisión de conocimientos nos dimos cuenta que en la mañana tendríamos que tomar una foto de un juego de dominó, para ilustrar aquello de lo que habíamos hablado: el relevo generacional pasa por el dominó. Bahía Málaga tiene realismo mágico hasta en su versión propia de Fotohistorias.

Texto con contribuciones de Natalia Escobar.

SILOÉ, CALI

"Sarita, tienes que ir a Siloé. Tengo el contacto", nos dice Lucho, estudiante de Icesi. Siloé no es un lugar a donde los caleños te recomiendan ir, menos sin un contacto local. Pero a través de Lucho conocemos a David, y a través de David, vemos y oímos las historias de lo que los vecinos llaman "Siloé City."

Encontramos a David Gómez de la Fundación Nueva Luz en el museo que él mismo creó en su casa para contar la historia del barrio y de su gente, y para que los niños del territorio la aprendan. El Museo Popular de la Memoria de Siloé tiene dos habitaciones repletas de objetos variados, recortes de periódicos, fotografías, pancartas, testimonios escritos en las paredes... Las colecciones del museo no están detrás de vitrinas o dispuestas con orden en estanterías, sino puestas allí, al alcance de las manos de cualquiera. Están allí para ser tocadas, vividas, contadas y recontadas. De boca en boca, las historias se van transformando, y una lámpara se vuelva una molotov. Así es la memoria. En Siloé hablamos con los vecinos, les pedimos fotos y los entrevistamos, y ellos al mismo nos toman fotos y nos graban en videos que serán subidos al canal de Youtube de la Fundación Nueva Luz ese mismo día.

El museo nos enseña que Siloé es un barrio semi-informal situado en una colina alrededor de Cali. Fue establecido como un conjunto informal de casas al comienzo del siglo veinte, inicialmente para acomodar mineros extranjeros que trabajaban en el área, y después campesinos desplazados por la guerra de los finales de los años 40. Los desplazados, en su mayoría analfabetas, no eran bienvenidos entre la burguesía de Cali, que prefirió separarlos en las lomas de la colina de Siloé. La historia del barrio se complica a finales de los 70, cuando las milicias insurgentes del grupo guerrillero M-19 se instalaron en Siloé. Fue así que la collina y sus estrechos callejones se transformaron en una zanja militar, donde la violencia, los crímenes y los golpes de armas de fuego llegaron a ser parte de lo cotidiano, perpetuados por ambas fuerzas públicas y paramilitares. Después, llegó el narcotráfico.

Las historias colgadas en las paredes del museo y contadas en los pasajes estrechos del barrio cuentan de una relación difícil con las fuerzas públicas, de un barrio construido, derrumbado, incendiado y reconstruido muchas veces. Su comunidad es hoy comúnmente asociada a su historia de conflicto, violencia, carteles, tráfico de drogas e inseguridad. Sin embargo, pese a ser olvidada por las autoridades y estigmatizada por la opinión pública, la comunidad de Siloé trabaja para mejorar su vida en el territorio. Con Don David recorremos lo que se ha logrado: llevar agua y electricidad a casi todas las casas, apropiarse de un parque como espacio público, organizar eventos culturales, fundar una emisora de radio, y emprender otras actividades colectivas de comunicación para que se transmita una imagen diferente de Siloé. Una imagen nueva que no perpetúe el estigma de violencia y pobreza, sino que impulse más bien la autoestima y el sentido de pertenencia de la comunidad de Siloé. A través de las fotos e historias de Don David vemos a la comunidad de Siloé construyendo un futuro de prosperidad para su territorio.

Textos con contribución de Luis Miguel Carvajal.

2

Fotohistorias and the Experience of Migration: Emerging Themes

Fotohistorias y la Experiencia de Migración: Temas Emergentes

2.1 **JOURNEYS OF MIGRATION: CROSSING THE BORDER**
Trayectorias de migración: cruzando la frontera

2.2 **IDENTITY AND CULTURE IN EVERYDAY LIFE**
Identidad y cultura en la vida cotidiana

2.3 **HOME AND SENSE OF BELONGING**
Hogar y sentido de pertenencia

2.4 **WORK: LIVELIHOOD AND PRIDE**
Trabajo: sustento y orgullo

2.5 **FAMILY AND FRIENDS ARE CENTRAL**
La familia y los amigos son centrales

2.6 **ORGANIZATIONS THAT HELP MIGRANTS THRIVE**
Organizaciones que ayudan a los migrantes

2.7 **INFORMATION, SKILLS AND LEARNING**
Información, aprendizaje y nuevos conocimientos

2.8 **RELATIONS WITH SECURITY AND AUTHORITY**
Relaciones con la seguridad y la autoridad

2.9 **NATURE, ART AND BEAUTY**
Naturaleza, arte y belleza

2.1

Journeys of migration: crossing the border

Trayectorias de migración: cruzando la frontera

CATRACHO

Oh this picture it is daylight already in the shelter, but they have not turned on the light and so you can't see anything. It is all the people who slept there, and it is at the beginning of a new day. That is one more night at the border, thinking: Are we going to continue here? Are we going to go to another border town? What are we going to do?

——————

En esta foto ya es de día en el albergue, pero no han prendido la luz todavía así que no se puede ver nada. Todo eso son personas que durmieron allí, y es el comienzo de un nuevo día. Es una noche más en la frontera, pensando: ¿Vamos a seguir aquí? ¿Vamos a ir a otro punto para cruzar? ¿Qué es lo que vamos a hacer?

JOURNEYS OF MIGRATION: CROSSING THE BORDER

"*Todos somos migrantes,*" we are all migrants, reads a bumper sticker on a fridge at the shelter in Nogales. In 2013 President Obama announced an executive action to help fix a broken immigration system. He pointed out that "a lot of folks forget that most of us used to be them," and, unless you are Native American, "you came from someplace else."

There is always a line that divides the "here" and "there," when you came from someplace else, and there is always journey to cross that line. The line can be a wall, an ocean, a river, a desert. The journey can be long or short, easy or difficult, joyful or dangerous. For many, migration is not a single journey but many, and the experience of crossing the border is repeated over and over again.

In Fotohistorias, the experiences of transience and impermanence in daily life are strongest among participants at the U.S.-Mexico border than anywhere else. Making it to the wall is a source of pride and excitement for those who finally reach it for the first time, while being at the wall is frustrating and filled with uncertainty for those who have been turned back and deported after hours or years in the U.S. When the migrants in Seattle saw the Fotohistorias work from the Border, it brought back their own memories of crossings, and made them proud of how much they have accomplished in their lives in the U.S. For participants in Colombia, journeys of migration include internal displacement due to political violence and economic opportunity, as well as international migration both to the U.S. and to other South American countries.

The photos and stories in this section speak about journeys of migration, and how they shape the experience of the migrants, and their transition between "here" and "there."

TRAYECTORIAS DE MIGRACIÓN: CRUZANDO LA FRONTERA

"Todos somos migrantes", dice un aviso pegado a la refrigeradora en El Comedor, albergue para migrantes en Nogales, México. En 2013 el Presidente Obama anunció una orden ejecutiva para tratar de ayudar a arreglar el sistema de inmigración roto en los EEUU. "Muchos parecen olvidar que la mayoría de nosotros una vez fuimos ellos", y añadió que a excepción de los indígenas americanos, "todos vinimos de otra parte".

Siempre hay una raya que divide el "aquí" del "allá" cuando uno viene de otra parte, y siempre hay un viaje, un camino qué recorrer para atravesar esa raya. La raya puede ser un muro, un océano, un río, o un desierto. El viaje puede ser largo o corto, fácil o difícil, feliz o peligroso. Para muchos no es un solo viaje sino muchos, y la experiencia de cruzar esa frontera se repite una y otra vez.

En Fotohistorias, las experiencias de transitoriedad y de impermanencia en la vida cotidiana son más fuertes entre los participantes de la frontera que los otros lugares. Llegar a pararse al lado del muro es un motivo de orgullo y de ilusión para los que llegan a él al fin por primera vez, y un motivo de frustración e incertidumbre para quienes han sido deportados después de algunas horas de intentar cruzar, o después de muchos años viviendo en los Estados Unidos. Para los participantes en Seattle, ver los afiches con las Fotohistorias de la Frontera les trajo recuerdos de sus propios viajes y trayectorias de migración, y les hizo sentirse orgullosos y orgullosas de cuánto han logrado avanzar y salir adelante en su vida en EEUU. Para los participantes en Colombia, las trayectorias de migración incluyen desplazamiento interno causado por la violencia política y la búsqueda de oportunidades económicas, así como migración internacional a los EEUU y a otros países suramericanos.

Las fotos e historias de esta sección muestran experiencias y trayectorias de migración, y cómo éstas dan forma a la experiencia del migrante en su transición entre el "aquí" y el "allá".

IIIIIII
LIFE AT THE BORDER

Nogales, Mexico

PHOTO: R. GÓMEZ

CHAPIN

I come from Guatemala and I'm heading to New York. Everything that I'm going through right now is like an adventure. I'm not getting too worried about anything. I'm in it as an adventurer. I'm experiencing different countries, going to different states in Mexico, and seeing different places. I don't see it as something to be scared of, but as an adventure. I left my country almost a month ago. And look, I'm okay, nobody has robbed me, I haven't been hurt, and I'm here at the border now. And here I took some pictures of the wall of the immigration, which are the pictures I sent by Facebook to my family, so that they could see exactly where I am. So they could see the wall, because they have heard about the wall and here they can see it in pictures. So that's why I took those pictures.

Yo vengo de Guatemala y voy para Nueva York. Todo lo que estoy viviendo ahora es como una aventura. No estoy muy preocupado por nada. Estoy en esto como un aventurero. Estoy experimentando con diferentes países, yendo a diferentes estados de México, y viendo diferentes lugares. No lo veo como una cosa pasa tener miedo, sino como una aventura. Dejé mi país hace casi un mes. Y mira, estoy bien, nadie me ha robado, no me han hecho daño, y estoy aquí en la frontera ahora. Y aquí tomé unas fotos del muro de la inmigración, que son las fotos que le mandé por Facebook a mi familia para que puedan ver exactamente dónde estoy. Para que puedan ver el muro, porque han oído hablar del muro y ahora aquí lo pueden ver en fotos. Por eso es que tomé estas fotos.

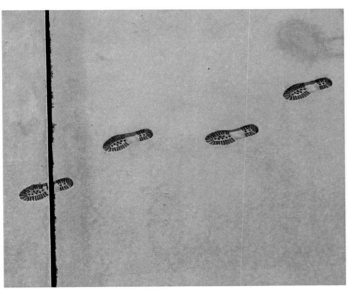

PHOTO: R. GÓMEZ

CHAVALO

RICARDO: What do you fear of crossing over?

CHAVALO: Oh, it's really the thieves and the gangs. That's what we're afraid of. It's not so much the cold or the heat, it's the crooks, the thieves . . . because we can fight against nature, but to fight against the crooks and thieves is a lot more difficult. You can find water for the desert, but you can't really do much when you have a band of crooks that comes on you with guns.

RICARDO: *¿Qué te da miedo de cruzar?*

CHAVALO: *En realidad es los bandidos y las pandillas. Es a lo que más le tenemos miedo. No es tanto el frío o el calor, es los bandidos, los criminales . . . porque podemos pelear contra la naturaleza, pero para pelear contra los bandidos es mucho más difícil. Uno puede encontrar agua para el desierto, pero no se puede hacer mucho cuando una banda de criminales te cae con armas.*

PHOTO: CHINO

CHINO

This is where I reached the wall. This was the first time I touched it.

I left home with the vision of getting to the U.S. and when I got to the wall I just wanted to cross it over and jump over right away and stop thinking that I was on this side. There is a border patrol car right there at about a hundred meters and they are watching the whole time. But I felt really good to be there, I even said I'm going to take a picture of myself here by the wall and the desert is in the background.

I am sleeping [at a shelter] right next to the wall. Last night I was thinking that I was sleeping just two minutes away from the wall, two minutes away from being on the other side. At night I could also see that they have lights on everything and I saw 4 or 5 border patrol cars going up and down.

This is the last thing blocking you, preventing you from getting to your family and to your friends. I want to cross it and reach my goal but it is very hard. I am so surprised that I can't just cross it and walk my 5 days in the desert till I reach a place where somebody can pick me up or I can take a bus. I thought I'd be able to just go through and start my walk in the desert. So that is why I took so many pictures of the wall.

PHOTOS: CHINO

Aquí es cuando llegué al muro. Ésta fue la primera vez que lo toqué.

Me fui de mi casa con la idea de llegar a los Estados Unidos, y cuando llegué al muro sólo lo quería cruzar o saltar por encima de una vez, y dejar de pensar que estaba todavía de este lado. Hay un carro de la migra allí como a unos cien metros y están mirando todo el tiempo. Me sentí bien de estar allí, hasta me dije que me iba a tomar una foto allí mismo junto al muro, con el desierto detrás.

Estoy durmiendo en un albergue que queda justo al lado del muro. Anoche estaba pensando que estaba durmiendo a sólo dos minutos del muro, a dos minutos de estar al otro lado. De noche también podía ver que tienen luces por todas partes, y vi unos 4 o 5 carros de la migra para arriba y para abajo.

Esto es lo último que te está bloqueando, que te para de llegar donde tu familia y donde tus amigos. Yo quiero cruzar y llegar a mi meta, pero es muy difícil. Me sorprendió mucho que no puedo simplemente cruzar y caminar mis cinco días en el desierto hasta llegar al sitio donde alguien me pueda recoger o pueda tomar un bus. Yo creí que podría sólo cruzar y comenzar a caminar en el desierto. Por eso es que tomé tantas fotos del muro.

CHIAPAS

Here [at the border] l I'm right in the pivoting point. I'm neither there nor here. My task is to cross. I don't want to go back home in defeat. So that's the picture I took there. It will remind me of being here in Nogales.

———————

Aquí en la frontera estoy justo en el vértice. No estoy ni aquí ni allá. Mi tarea es cruzar, no quiero irme de vuelta a casa en la derrota. Así que ésa es la foto que tomé allí. Me hará recordar de cuando estaba aquí en Nogales.

PHOTOS: CHIAPAS

If I see this picture again in 5 years I would say: "Where is this guy? Did he make it to the US? Is he back in his country?" We are here together today, but as soon as we take off in our different ways we won't see each other again. Maybe they'll make it through, but we'll never be together again. That's why I took a picture with all of them. In this picture we have everybody together the way we are today.

———————

Si yo veo esta foto otra vez en unos 5 años podría decir: "¿Dónde está esta persona? ¿Logró llegar a los Estados? ¿O estará de vuelta en su país? Estamos juntos aquí hoy, pero tan pronto como nos apartemos, cada uno en sus diferentes caminos, ya no nos volvemos a ver. Tal vez logran cruzar, pero nunca estaremos juntos otra vez. Por eso tomé esta foto con todos, aquí estamos todos juntos como estamos aquí hoy.

2.1: JOURNEYS OF MIGRATION: CROSSING THE BORDER

CATRACHO

Those two on the picture look like brothers, they are having a good time together and they are resting. We are all in the same uncertainty, the same boat. Maybe some of these will go back, maybe some of these will continue to live in the U.S., maybe some will wait some more. There's many who come here for the first time and they feel the pressure, they are afraid and sometimes they just return without even crossing, without even trying.

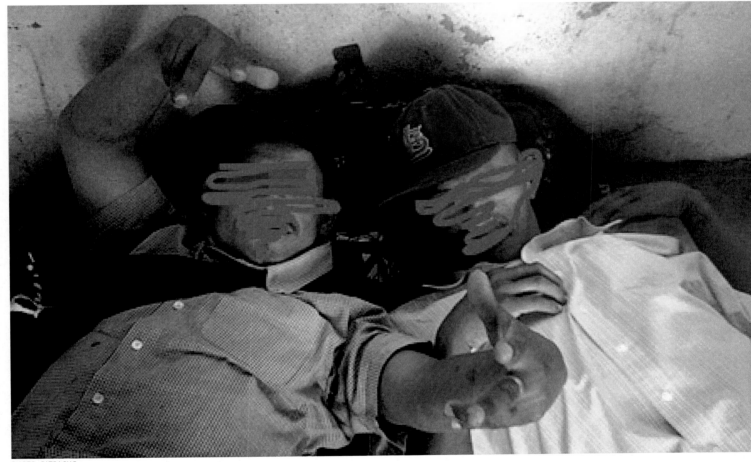

PHOTO: CATRACHO

Estos dos en la foto parecen hermanos, están pasándola bien juntos y están descansando. Todos estamos en la misma incertidumbre, en el mismo barco. Tal vez algunos de ellos van a regresar, tal vez otros van a continuar y van a vivir en los Estados, otros tal vez van a esperar un poco más. Hay muchos que vienen aquí por primera vez y sienten la presión, les da miedo y entonces se regresan sin cruzar, sin siquiera intentar.

CHAPIN

If you have a wall in front of you, and you have a victory ahead, and you're behind, you have to overcome that wall and you have to reach that victory. You have to take that victory into your hands. You have to take your dreams into your hands so that you can achieve them. Because if we don't struggle for them, nobody will struggle for us.

———————

Si tienes un muro delante tuyo, y tienes una victoria adelante, y tú estás detrás, tienes que sobreponerte a ese muro y tienes que alcanzar esa victoria. Tienes que tomar la victoria en tus manos. Hay que tomar los sueños en tus manos para poder lograrlos. Porque si no peleamos por ellos, nadie lo va a hacer por nosotros.

PHOTOS: CHAPIN

This is the wall and there's a light behind it. I took this picture because there are barriers, but sometimes the problems [seem bigger than they really are]. We can see the problems like I'm seeing this wall now: It's huge. You know that there's this huge, very tall wall, and you cannot cross it. And you sometimes look at problems, and you see them huge like this wall. But if you look on the other side, there is a light. If you pay attention, when you look at the wall, you can see the wall is very small, if you plant yourself well in the ground and you know that you're going to cross. You can see the wall is something really small in relation to everything else you're going to have in your life.

———————

Este es el muro y hay una luz detrás de él. Tomé esta foto porque hay barreras, pero a veces los problemas parecen más grandes que lo que son en realidad. Podemos ver los problemas como vemos este muro ahora, inmenso. Está esta pared inmensa, altísima, y no la puedes cruzar. Y a veces miras los problemas y los ves inmensos como este muro. Pero si ves al otro lado, hay una luz. Si pones atención, cuando miras el muro, puedes ver que el muro es en realidad muy pequeño, y si te plantas bien sobre la tierra y sabes que vas a cruzar. Puedes ver que el muro es algo realmente pequeño en relación con todo lo demás que vas a tener en tu vida.

PHOTO: CHAPIN

CHAPIN

With this picture I know I have a dream there, in that land [on the other side of the wall]. It has all those lights, and when I cross that wall I have a dream that I can reach. I took it at night with those lights because I like seeing that landscape, and those lights, and how you can see everything.

———

En esta foto sé que tengo un sueño allá, en es tierra al otro lado. Tiene todas esas luces, y cuando cruce ese muro tengo un sueño que puedo alcanzar. La tomé por la noche con esas luces porque me gusta ver ese paisaje, y esas luces, y cómo se puede ver todo aunque es de noche.

CHAPIN

This is when I'm cutting my hair. I was taking pictures of what I was doing that day. I cut my hair, and I was going to have a shower. This first picture is when I still have my hair long, and look how it changes. Now my hair is very short here.

————

Aquí es cuando me estoy cortando el pelo. Me estaba tomando fotos de lo que hacía ese día, y me corté el pelo. Me estaba preparando para tomar una ducha. La primera foto es cuando todavía tenía pelo largo, y mira cómo cambia. Ahora lo tengo corto.

PHOTOS: CHAPIN

CHINO

RICARDO: How do you feel about seeing yourself here in this picture?

CHINO: Oh, I am very happy. I'm happy that I'm in good health. The pain in my foot is going away and I'll be able to start moving. I'm very happy that I was able to talk to my family and they are going to help me, they are sending me the help that I need so that I can cross, so things are good. So I am really happy now.

————

RICARDO: *¿Cómo te sientes de verte en esta foto?*

CHINO: *Estoy muy feliz. Feliz que estoy con buena salud. El dolor de mi pie se está pasando, y voy a poder comenzar a moverme. Estoy feliz que pude hablar con mi familia y me van a ayudar, me van a enviar la ayuda que necesito para cruzar, así que las cosas están bien. Así que estoy feliz ahora.*

PHOTO: CHINO

CATRACHO

I took this picture so they can see how thin we are. Look, we are looking very thin. I am looking very thin. I can see my bones. I've gone through a lot so I'm very thin.

————

Tomé esta foto para que puedan ver lo flacos que estamos. Mira, estamos muy flacos. Yo me veo muy delgado. Me puedo ver los huesos. He pasado por muchas cosas, así que estoy muy flaco.

PHOTO: CATRACHO

PHOTO: CATRACHO

CATRACHO

There I am alone. My friends already crossed over and they are gone, they would probably feel bad because they are on the other side and I'm still here at the border.

———

Ahí estoy yo solo. Mis amigos ya cruzaron y se fueron, tal vez se sentirían mal porque están al otro lado y yo estoy todavía aquí en la frontera.

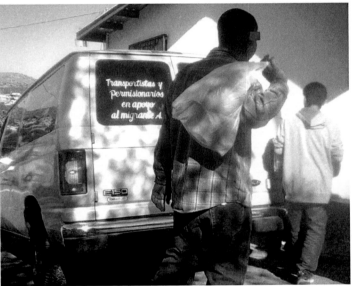

PHOTO: CATRACHO

CATRACHO

That person is carrying all his belongings in that plastic bag... It feels bad, because that's all you own. That's all you have in this moment. Though, maybe if that bag was full of dollars then it would make a difference.

———

Ésta persona está cargando todas sus pertenencias en esa bolsa plástica. Se siente mal, porque es todo lo que tienes. Todo lo que tienes en este momento. ¡Claro que si la bolsa estuviera llena de dólares sería diferente!

PHOTO: CHIAPAS

CHIAPAS

They look like they are happy, but I know that inside they are worried. Inside you are thinking: How am I going to cross? Will I get there? Will I make it? That's why I took this picture: They look like they are happy but I know that inside, each one of us is worried.

———

Parece que están felices, pero yo sé que por dentro están preocupados. Por dentro están pensando: ¿Cómo voy a cruzar? ¿Lo voy a lograr? Por eso tomé esta foto: parece que están felices pero yo sé que por dentro cada uno de nosotros está preocupado.

PHOTO: CHAPIN

PHOTO: R. GÓMEZ

CHAPIN

We are looking through the wall, and we can see the U.S. and Mexico. This is such a beautiful scene for me. Looking at this, for me, is a work of art. Even though it is a bit dark, it's a piece of art. This is something that I have not been able to see anywhere else. I'll never see it again because I'll be somewhere else.

———

Estamos mirando por entre el muro y lo que podemos ver es los Estados Unidos y México. Es una escena muy bonita para mí. Ver esto, para mí es como una obra de arte. Aun cuando se ve un poco oscuro, es una obra de arte. Esto es algo que no he visto en ninguna otra parte, y que nunca voy a volver a ver porque estaré en otra parte.

2.1: JOURNEYS OF MIGRATION: CROSSING THE BORDER

PHOTOS: CHAVALO

CHAVALO

This is the hall of the shelter. It is dark, like the moment we are in now: narrow and kind of dark, and of out of focus, and we don't know exactly where to go. It is a critical moment in life that is blurry, like this picture is blurry.

———

Este es el pasillo del albergue. Está oscuro, como es el momento que estamos viviendo ahora. Es angosto y un poco oscuro, y está borroso, y no sabemos exactamente a dónde ir. Es un momento crítico en la vida que está borroso, como esta foto está borrosa.

PHOTO: CHINO

CHINO

I like the idea of taking a picture in this little hole because I have this idea that I will be crossing the desert and maybe I'll be hiding like this in a little hole in the desert. I was thinking that this is how it would be like to be hiding [from the border patrol], hiding like this in a little hole in the sand. So that is why I'm hiding in that little hole, but I'm always with thumbs up.

———————

Me gustó la idea de tomar esta foto en este hoyito porque tengo la idea que voy a estar cruzando el desierto y tal vez voy a estar escondiéndome así en un hoyito en el desierto. Es como una práctica de estar escondiéndose de la migra, escondiéndose así en un hoyito en la arena. Así es que por eso me estoy escondiendo en ese hoyito, pero siempre con los pulgares levantados. Chispas.

CHINO

This sign is just to remind me of the time when I was here. It says "Frontera USA." The border of the USA is right here. I thought it was interesting that I am here, the border with the USA is here, and there is an arrow pointing right here, where I am just now: this is where I am. And that is me standing right next to the arrow saying "to the U.S., go here, this way."

Este letrero está allí para recordarme de cuando estaba aquí. Dice: "Frontera USA." La frontera de los Estados Unidos está aquí mismo. Me pareció interesante que yo estoy aquí, la frontera está aquí, y hay una flecha que apunta aquí mismo hacia abajo, hacia donde estoy: aquí es donde estoy ahora. Y ese soy yo parado al lado de la flecha diciendo: "Para los Estados, por aquí."

PHOTO: CHINO

This other sign here says welcome to Nogales. I was taking it from the Mexico side to the U.S. and this one is as if I was coming back from the U.S. and I see this welcome to Nogales.

RICARDO: So how do you imagine yourself at your return from the North?

CHINO: Well, maybe it could be about 5 years from now, with the future of my kids and my family assured, I could be coming back and give them their studies, all the way to college if possible, and then they can work on their own. I see myself driving my own BMW, crossing the border [back into Mexico], with a trailer with all my things, with everything that I can bring back for my family. I imagine everybody waiting for me with their open arms, very happy to see me, with tears of joy for being able to get back together with my family.

Este otro letrero dice Bienvenidos a Nogales. Lo tomé como si estuviera ya regresando de los Estados Unidos a México y lo que dice es Bienvenidos a Nogales.

RICARDO: *Y cómo te imaginas que va a ser tu regreso del Norte?*

CHINO: *Cuando regrese de repente podría ser dentro de unos 5 años, ya con el futuro de mis hijos y de mi familia, poder apoyarles en lo que les pueda dar, los estudios, hasta que se gradúen y puedan defenderse solos.*

Podría ser en mi BMW, tal vez con una plancha atrás, un remolque con mis maletas y mi equipaje, todo lo que les pueda traer a mis familiares. Todos me reciben con los brazos abiertos, con una gran felicidad, y con lágrimas de alegría, no de llanto ni de dolor sino de alegría de poder estar todos juntos otra vez.

PHOTOS: CHAVALO

CHAVALO

This is the dorm where I slept. This is my home today. I can spend the night here and I can be safe. We are in a safe place, we're not sleeping out on the street or by the railroad. It is very difficult to be out on the street and on your own. Here at least you are with others and you are safe.

———

Este es el albergue donde dormí. Esta es mi casa hoy. Allí puedo pasar la noche y estar seguro. Estamos en un lugar seguro, no estamos durmiendo en la calle o sólos junto a los rieles del tren. Es muy difícil estar solo y en la calle. Aquí por lo menos estamos con otros y estamos seguros.

PHOTO: R. GÓMEZ

LUPE

I left Mexico when I was 16. In the U.S. I met my husband, I had my kids. I was there for almost 12 years. When I was pregnant with my last kid, the border patrol picked me up. My husband had been deported so I let them deport me, thinking that back in Mexico I would do okay. I was here for four years. Then my husband crossed back, and I sent my kids. Then I tried to cross as well, and couldn't. They picked me up. I was detained for three months. I was just released, just now.

Salí de México cuando tenía 16 años. En los Estados conocí a mi marido, tuve a mis hijos, y viví por casi 12 años. Cuando estaba embarazada de mi último hijo, me agarró la migra. A mi esposo lo habían deportado así que los dejé deportarme a mi también, pensando que en México estaríamos bien. Viví allí por cuatro años pero no estábamos bien. Mi esposo cruzó de vuelta primero, después mandé a mis hijos, y luego traté de cruzar yo también pero no pude. Me agarraron. Me tuvieron por tres meses detenida. Me soltaron apenas esta mañana."

PHOTO: CHAVALO

CHAVALO

Well, we're all Hondurans, we all met on the road so we became friends because we come from the same place. Who would have thought that we would be meeting all these people from Honduras? When you leave there, you leave thinking that you are going North, but you don't know who you are going to meet on the road, and you meet all these others from Guatemala, from Honduras, from Mexico . . .

Bueno, todos somos hondureños, nos conocimos en el camino y nos hicimos amigos porque somos del mismo sitio. ¿Quién iba a pensar que nos encontraríamos tantas personas de Honduras? Cuando te vas, vas pensando que vas para el Norte, pero no sabes con quién te vas a encontrar en el camino, y te encuentras con todas estas personas de Guatemala, de Honduras, de México . . .

TOP PHOTO: CHIAPAS; BOTTOM PHOTO, R. GÓMEZ

CHIAPAS

Here is a picture of the cemetery.

RICARDO: Not the basketball court?

No, the cemetery. It made me remember when I was crossing in the desert I saw a cemetery. It was just a lot of crosses. Maybe people die and they are left there. I was thinking it must be very sad to die in the desert, and be buried there, and your family doesn't know. You never go back home. You don't even have a coffin. That's very sad. So you take the risk of going, and sometimes you'll make it through, you could be captured, or you could also die of hunger or of thirst. So that's why I took this picture of the cemetery.

Aquí hay una foto del cementerio.

RICARDO: *¿No es la cancha de básquet?*

No, es el cementerio. Me hizo recordar cuando estaba cruzando el desierto, vi un cementerio. Era una cantidad de cruces. De pronto las personas se mueren y las dejan allí. Estaba pensando que debe ser muy triste morir en el desierto, y quedar enterrado allí, y tu familia no sabe. Nunca más regresas a casa. Ni siquiera tienes un cajón. Eso es muy triste. Tú corres el riesgo de irte, y a veces lo logras, pero podrías ser capturado, o puedes morirte de sed o de hambre. Por eso es que tomé esta foto del cementerio.

LIFE IN THE NORTH

Seattle, Washington

VENTURA

I have crossed the border many times. That was my world, always on the move. I became old in that world. Had I not known Seattle, I would still be out there, going up and down on the trains. I don't want to be in Guatemala, I want to be here. Maybe I will die here, or maybe I will die somewhere else.

———

Yo he cruzado la frontera muchas veces. Ese era mi mundo, siempre en moviimiento. Yo me hice viejo en ese mundo. Si no hubiera conocido Seattle de pronto estaría todavía allá, yendo para arriba y para abajo en los trenes. No quiero ir a Guatemala. Yo quiero estar aquí. Tal vez voy a morir aquí, o tal vez muera en otra parte.

PHOTO: R. GÓMEZ

JUAN

Well, this picture shows Texas. It was the first state that I entered in the U.S. On August 9 at 9:00 AM in 1988. That is about 25 years ago. I did not know what was going to happen. I saw people crossing and I started walking behind them. I didn't even know where I was going. I saw people walking and hiding and I just followed them. And before I knew it, I was in the U.S.

———

Bueno, en esta foto se ve Texas. Este fue el primer estado en el que entré a los Estados Unidos. Fue el 9 de Agosto de 1988, a las 9 am. Eso es hace como 25 años. Yo no sabía qué es lo que iba a pasar. Yo vi gente cruzando y me fui caminando detrás de ellos. No sabía a dónde iba. Vi personas caminando y escondiéndose y yo los seguí. Y cuando menos pensé, estaba en los Estados.

PHOTO: JUAN

'PEDRO INFANTE'

In those days in L.A. most of us crossed through different borders, through Tijuana, Mexicali, Algodones or Tecate, almost all of them connect to Los Angeles. I have been through all those borders. Where I liked it most was in Mexicali, because every day I would work on this side picking melons, and by noon they pay you. At that time the border was just made of string with little wires on it. That's it, there was nothing. In those days you would cross more easily.

———————

Por esos días en Los Angeles muchos de nosotros cruzábamos por diferentes fronteras, por Tijuana, Mexicali, Algodones o Tecate, casi todas están conectadas a Los Angeles. Yo he cruzado por todas esas fronteras. Donde más me gustó fue en Mexicali, porque cada día yo trabajaba de este lado cosechando melones, y a medio día te pagan. En ese tiempo la frontera era apenas un hilo, algunos alambres, eso era todo. No había nada. En ese tiempo se cruzaba más fácilmente.

PHOTO: R. GÓMEZ

The journey of Ventura

•••

I was 16 years old when I arrived in the US for the first time. Now I am 56. I am from Guatemala. I went through Mexico, all of it, on cargo trains, on "the beast". Back in the day, there weren't that many people. I went to all states, but I didn't like them. I would jump on a car train with no money, and that is how I moved around all of the time. Trains, car train, hiding in the coal, in the tanks, those that carry propane gas, those that carry wood, I'd hide there. I would jump on, not even knowingly where the train was going. And wherever the train stopped, I would look around and make my way. And that was my world for many years.

Once, I was close to New York, and it was snowing, I was waiting and I was covered up with a blanket. Finally the train goes by and I have to get on. This train was carrying pipes, petroleum, you should not really go there, but the ones with wood, or the empty ones never came by. So I had to jump on one of those with petroleum, and I had to hide in the raining in between each car. I jumped on about 4 PM in the afternoon. Around 1 AM I was very tired and the train was not stopping, and it was snowing. I could see the moon very bright, and the snow everywhere. My eyes were so tired that I fell asleep, leaning against one of the grills of the tanker, face down, it felt so good. When I finally woke up, they are tapping me on the soles of my shoes, boom, boom, boom. . .. They hit me hard. And I could barely feel it because I was frozen. When I finally woke up, and I opened my eyes, I realized it was the immigration police. These big old guys with big round hats, they started talking to me in English, told me to get up. They handcuffed me, and put me in the back of the patrol car. They put me in jail, then sent me back to my country. All the way over there. So I came back again. Yes well, I could not stay over there because it's is even harder over there.

And the border. . . Once I was coming from a cargo train from the South. In that time, they still didn't call it "the Beast". The Tramp, that's what they called it. I arrived dirty, hungry, lacking sleep. I didn't know whom to ask about anything, how to cross the border, I didn't know anything. So I met this person, he offered me some tacos and said me to cross the river, and that he would be waiting on the other side for me. He had a vehicle and papers, and was leaving for Los Angeles.

I went down to the river, but there, it was wide. I put my clothes in a plastic bag and I began to swim. I crossed just fine and on the other side, I got dressed, but because sometimes you still don't have experience. . . I have not looked first, and I moved forward, and the immigration police was right there. I couldn't do anything at that point. So they grabbed me, called me Mexican, and I didn't tell him I was from Guatemala. They returned me right there on the bridge. If I told I was from Guatemala, nooo, they would have sent me all the way back. They left me there on the bridge. And I thought that the man would have left leave without me. There in the park he told me to hurry, because the cold of night was coming. I did not know anything about cold. I was young, I thought he must be crazy.

So I tried again. On the second try, it was very cold. But this time when I got there, the man was no longer there. So I was there, lost, there was no immigration, so I walked and kept walking until I got to the city, then I started to see people walking, some sidewalks, there was a park, and I said these paisas (people coming from the same place as you) are so calm walking around here. They all have paper, that is why. So there I was, when all of a sudden a patrol car drove by and came to me. Because they see you all dirty, disoriented, so they can spot you. They asked if I had papers. I didn't. They put me in the patrol car. So they took me once again and dropped me off at the bridge. OK, so, returning once again to the bridge. The same day!

So I wanted to cross again the river, but now it was freezing cold and some cholos were coming with dogs. I was scared and took off in another direction. I kept walking, until I got to a bridge where the trains go by. Just then, I see a bunch of Mexicans who are under the bridge with a fire, large wood burning. I got there, it was warm, and so I stayed there. They were waiting for the train. The train came, the engines passed, the train cars. Many don't get on the first cars because they may see you. I didn't know which one to get on. I got a car that had three holes, the ones they fill with grain. I thought it would be warm in there, but no, it was freezing, and I didn't even know where the train was going. I only knew it was going to the United States. Later on, two more Mexicans got on. Now it was three of us. The train was moving slowly as it was passing the check point. Finally the last car passed the check point at the border and the train started to speed up. It traveled all night. We could not stand the cold anymore, so one of them said 'we need to get out of here, we're going to die here.' So I followed them. I didn't have anything to cover myself with, and the cold was hurting. We went to the engines, and there was no one there. When the train finally stopped, we were in San Antonio, and we took off running, the train behind covered in snow. We went to a mission, indoors and finally it was warm. I showered, I stayed there one week. I stayed there until the snow thawed. Then, I got bored of just sitting there, watching TV, so I took off again. It's there that I jumped on another train, and it took me all the way to Fort Worth, Texas. Then I left for Dallas, Texas. To get to Dallas, I went by car: on one of those tall car that moves lots of cars, and there I was going to Dallas.

I crossed many times. This was my world. I became old in age in this world. If I had not known Seattle, I would still be out there, up and down on the trains. Because in Guatemala, I don't want to be there.

El viaje de Ventura

•••

La primera vez que entré a EEUU tenía 16 años. Ahora tengo 56. Soy de Guatemala. Pasé por México, por todo el país, en trenes de carga, en "la Bestia". En ese entonces no había así tanta gente. Pasé por todos los estados, pero no me gustaron. Saltaba en los vagones, sin dinero, y así es como viajaba todo el tiempo. Trenes, vagones, escondiéndome entre el carbón, en los tanques, los que llevan propano, los que llevan leña, me escondía allí. Me metía por encima, ni sabiendo a dónde es que iba el tren. Y dondequiera el tren se paraba, miraba alrededor y encontraba un camino. Y este fue mi mundo por muchos años.

Una vez estaba cerca de Nueva York, y nevaba, yo estaba esperando y tenía una cubierta por encima. Por fin pasa el tren y tengo que subirme. Este tren llevaba tuberías, petróleo, no se debería ir en esos, pero los con leña o vacíos nunca llegaban. Por lo tanto tuve que subirme en uno de los que tenían petróleo y me tuve que esconder entre dos vagones. Salté sobre el tren y eran como las 4 de la tarde. Cerca de la una de la mañana estaba tan cansado, y el tren no paraba, y estaba nevando. Veía la luna muy clara y nieve por todas partes. Mis ojos estaban tan cansados que me quedé dormido, apoyándome en una de las grillas del tanque, boca abajo. Cuando me desperté por fin me estaban tocando en las suelas de los zapatos, boom, boom, boom... Me pegaron fuerte. Y pude apenas sentirlo porque estaba congelado. Cuando por fin me desperté y abrí los ojos me di cuenta que era la migra. Estos tipos grandes y viejos de sombreros redondos, me empezaron a hablar en inglés, me dijeron que me levantara. Me esposaron y me metieron en el carro de patrulla. Me metieron en la cárcel y me llevaron de vuelta a mi país. Entonces me vine de vuelta por acá. Sí, pues, no podía quedarme allá porque allá es aún más duro.

Y la frontera . . . una vez estaba viniéndome en un tren de carga desde el Sur. En ese momento todavía no le decían "la Bestia". El Trampa, eso es como le decían. Llegué sucio, hambriento, con sueño. No sabía a quiénes preguntar, cómo cruzar la frontera, no sabía nada. Entonces encontré a este hombre que me ofreció unos tacos y me dijo que cruzara el río, y que me esperaría del otro lado, porque él tenía un carro y se iba a Los Ángeles. Entonces me bajé al río, pero allí era muy ancho. Puse mi ropa en una bolsa de plástico y comencé a nadar. Crucé bien y al otro lado me vestí, pero como a veces no tienes experiencia. . . no miré antes, y continué, y la migra estaba justo allí. Ya no podía hacer nada. Entonces me pillaron, me llamaban de mexicano y no les dije que era de Guatemala. Me llevaron de vuelta al puente. Si les hubiera dicho que era de Guatemala, nooo, me hubieran llevado de vuelta hasta allá. En vez me dejaron en el puente. Y yo pensé que ese hombre se iría sin mí. Allá en el parque me dijo que me apurara porque el frío de la noche llegaría. Yo no sabía nada del frío, era muy joven.

Así que lo intenté otra vez. La segunda vez hacía mucho frío. Pero esta vez cuando llegué al otro lado, el hombre ya no estaba allí. Así que estaba allá, perdido, la migra no estaba, entonces me fui y continué caminando hasta que llegué a la ciudad y comencé a ver personas que también andaban, había un parque, y pensé que estos paisas estaban tan tranquilos caminando por allí. Claro, ellos tienen papeles, es por esto. Y estaba allí cuando de repente llega un carro de la policía y viene hacia mí. Porque te ven todo sucio, desubicado, es así que te reconocen. Me preguntaron si tenía papeles, y no tenía. Entonces me metieron en el coche de patrulla, me pillaron y me dejaron en el puente otra vez.

Entonces quise cruzar otra vez el río, pero ahora hacía frío que se congelaba y algunos cholos llegaban con los perros. Yo tenía miedo y me fui en otra dirección. Continué caminando hasta que llegué a un puente donde pasaban los trenes. Entonces vi a un grupo de mexicanos que estaban debajo del río con un fuego, con una leña grande que ardía. Llegué allí y hacía calor, entonces me quedé. Estaban esperando el tren. Cuando llegó el tren, pasaron los motores, pasaron los vagones, y muchos no subían en los primeros vagones porque allí te pueden ver. Yo no sabía en cuáles subirme. Por fin me subí a uno que tenía tres huecos de aquellos que llenan de cereales. Pensé que iba a hacer calor allí, pero no, hacía muy frío, y ni sabía a dónde se estaba yendo el tren. Sabía sólo que iba hacia EE UU. Después llegan otros dos mexicanos y ahora éramos tres. El tren iba lento mientras pasaba por los puestos de control. Por fin el último vagón pasó los controles fronterizos y el tren comenzó a ir más rápido. Viajó durante toda la noche y ya no podíamos con el frío, entonces uno de ellos dijo: "nos tenemos que ir de aquí, nos vamos a morir aquí." Entonces los seguí. Yo no tenía nada con que cubrirme y el frío te hacía daño. Llegamos a los motores y no había nadie allí. Cuando al final el tren se paró estábamos en San Antonio y nos bajamos corriendo, con el tren detrás de nosotros cubierto de nieve. Nos fuimos a una misión, debajo de un techo y finalmente hacía calor. Me duché, y me quedé allí una semana. Me quedé allí hasta que la nieve se derritió. Entonces me aburrí de estar allí, mirando la televisión, así que me fui otra vez. Es así que salté sobre otro tren que me llevó hasta Fort Worth, Texas. Después me fui a Dallas, Texas. Para llegar a Dallas, me fui en carro: sobre uno de esos vagones altos que transportan muchos carros, así me fui a Dallas.

He cruzado muchas veces. Ese era mi mundo, el mundo en que me he vuelto mayor. Si no hubiera conocido Seattle estaría todavía por allá, para arriba y para bajo de los trenes. Porque en Guatemala no quiero estar.

PHOTO: VENTURA

VENTURA

I kept walking until I got to the city, when all of a sudden a patrol car drives by and comes to me, because they see you all dirty, disoriented, so they can spot you. He gets out and asks "Hey, where are you from, you have papers?" "No, I don't have anything." So he said "Come on!" and he put me in the patrol car. So he took me and once again dropped me off at the bridge.

Two times in the same day?

Yes, but it was a different officer. Then the third time that day, I tried to cross the river again, but by then it was freezing cold. But I said to myself, "I have to cross . . . what am I supposed to do here?" so I crossed again.

———

Yo seguí caminando hasta que llegué a la ciudad, y de repente una patrulla de policía se acercó a mi, porque te ven todo sucio y desorientado y te identifican rápido. Se bajó y me dijo "Hey, ¿de dónde eres? ¿Tienes papeles?" "No, no tengo nada." Entonces me dijo "Vamos" y me metió en la patrulla. ASí que me llevó y me dejó otra vez en el puente.

¿Dos veces en el mismo día?

Sí, pero era un oficial diferente. Más la tercera vez ese día intenté cruzar por el río otra vez, pero estaba helado. Así que me dije a mi mismo: "Tengo que cruzar... ¿qué será lo que tengo que hacer aquí?" Así que crucé otra vez.

PHOTO: GILDA

GILDA

This picture is of boats in my town. I rode one of these boats to cross the sea to come here.
I remember the moment when I hopped onto one of those boats in order to leave my town and
come come here.

———

Esta foto es de los barcos en mi pueblo. Yo viajé en uno de esos barcos para cruzar el mar para venir aquí. Recuerdo el momento en que me subí a uno de esos barcos para salir de mi pueblo y venir aquí.

LIFE IN THE TERRITORY

Cali and Bahía Málaga, Colombia

PACHITA *(Bahía Málaga)*

I am migrating, even if I am in the same place, I am migrating. We can see that there are static people, like prisoners. Their minds migrate and they cannot talk, they migrate in their imagination, inside, they don't know if they are from here or there, they don't know where they are.

Estoy migrando, aunque esté en un solo puesto, estoy migrando. Podemos ver que hay gente que está quieta, a veces presa. Su mente migra y no pueden hablar, migran dentro, llevan un viaje dentro, no saben si son de allá, de acá, no saben dónde están.

PACHITA *(Bahía Málaga)*

Where I was born, where I grew up, that is where my home is. It is sad and touching, it has been hard for me to be away. I had left in the past, when my daughter went to Chile, and one day they put her out on the street without her clothes or bags, nothing, her stuff stayed there. When I see those people at the border (in the Fotohistorias exhibition, Life at the Border) I remember it is really painful, and it happened to my daughter too.

———

Donde nací, donde me crie, allá está mi hogar. Es triste y conmovedor, para mí ha sido muy duro. Me fui en el pasado, porque mi hija estuvo migrando en Chile, y un día la sacaron y la tiraron sin nada, su maleta, sus pertenencias quedaron allá, y la tiraron allá, cuando veo esa gente de las Fotohistorias en la frontera me acuerdo y me da tremendo dolor por lo que pasó mi hija.

PHOTO: R. GÓMEZ

2.2

Identity and culture in everyday life

Identidad y cultura en la vida cotidiana

BLAS

This is a meal my friend invited me to. He had worked and I had not worked so he said "I'll treat you, we'll go eat something." This dish reminds me of when we would all get together with my family, it reminds me of the red rice like the one my mom used to make. And the beef reminds of my brother, he used to make it on the coals and a put a bit of lime. It's been a long time since I had something like this, and then beans, well you know that everything is with beans otherwise it's no good.

———

Ésta es una comida a la que me invitó mi amigo. Él había trabajado ese día y yo no, así que me dijo: "Te invito, vamos a comer algo." Este plato me recuerda de cuando nos juntábamos todos con mi familia. Me recuerda del arroz rojo como el que mi mamá hacía. Y la carne me recuerda de mi hermano, él la preparaba así a la brasa, y le ponía un poco de limón. Hacía mucho tiempo no me comía algo como esto. Y los fríjoles, bueno ya sabes que para nosotros todo es con fríjoles, o no es bueno.

IDENTITY AND CULTURE IN EVERYDAY LIFE

We are all the same, regardless of color, language or religion. And yet, each one is unique. Participants in Fotohistorias express their uniqueness and their sense of togetherness in different ways, regardless of where they are: food is important, but so are ethnicity, heritage, traditions, language, and gender relations. When you move to another place, what parts of your identity do you bring with you, and what do you leave behind? There is a constant tension between identity and culture. Here are some examples of how this tension is expressed in each of the three Fotohistorias locations: at the Border, in the North, and in the Territory.

IDENTIDAD Y CULTURA EN LA VIDA COTIDIANA

Todos somos iguales, independientemente de color, lengua o religión. Y aun así, cada uno y cada una de nosotras es única. Los y las participantes en Fotohistorias expresan su unicidad y su sentido de conexidad de diferentes maneras, no importa dónde estén: la comida es importante, pero también lo son la raza, las tradiciones, los antepasados, el idioma, las relaciones de género, etc. Cuando uno migra a otra parte, ¿qué partes de la identidad se van con uno, y cuáles se dejan atrás? Hay una tensión constante entre identidad y cultura. Esta sección incluye algunos ejemplos de cómo se expresa esta tensión en cada uno de los tres lugares de Fotohistorias: en la Frontera, en el Norte, y en el Territorio.

LIFE IN THE NORTH

Seattle, Washington

PHOTO: MARIA

MARIA

A friend sent me this picture of corn through Facebook. The maize is primordial for us in Mexico. If we have maize, we make our tortillas. If we don't eat tortillas it's as if we didn't eat at all . . . You can go without other things but you can't go without tortillas; there's nothing like a tortilla.

Una amiga me mandó esta foto de maíz por Facebook. El maíz es primordial para nosotros en México. Si tenemos maíz, podemos hacer tortillas. Si no comemos tortillas es como si no comieramos nada. Se puede vivir sin otras cosas, pero no se puede vivir sin tortillas. No hay nada como una tortilla.

JUAN

This is the Mayflower. I took this picture because it made me remember that the Spanish came to the Americas in boats like this. The Spanish came and fought against the Guatemalan hero, Tecun Uman.

————

Éste es el Mayflower. Tomé esta foto porque me hizo recordar que los españoles vinieron a las Américas en barcos como éste. Los españoles vinieron y pelearon contra el héroe guatemalteco, Tecún Uman.

I feel like an indigenous person. I am an Indian in Canada, U.S., Mexico, Central America, and all South America — it is all the same continent. It is true I am from Guatemala and I am here in the U.S. But I am still in America. One single America. It is one same continent.

————

Yo me siento como una persona indígena. Yo soy indio en Canadá, en los Estados Unidos, en México, en Centroamérica, y en todo Suramérica. Todo es el mismo continente. Es cierto que soy de Guatemala, y que ahora estoy aquí en los Estados Unidos, pero estoy todavía en América. Una sola América. Es un mismo continente.

PHOTOS: JUAN

PHOTO: BLAS

BLAS

Mexico is a country of many cultures and many languages. Take me, for example, I speak Otomi, from Queretaro. My parents were born there, but I was born in Baja California. So [seeing this woman as a Native American] made me think of my indigenous roots. So with a lot of pride we took this picture together.

México es un país de muchas culturas y muchas lenguas. Mira por ejemplo yo, hablo Otomí, de Querétaro. Mis padres nacieron allá, pero yo nací en Baja California. Así que cuando ví a esta mujer vestida como nativa americana me hizo pensar en mis raíces indígenas. Así es que con mucho orgullo nos tomamos esta foto juntos.

PHOTO: BEATRIZ

BEATRIZ

I went to the beach looking for something new. I saw a seagull that pulled a crab and started to eat it, and another seagull arrived and they started to fight for the food.

I realized that human are like animals, that when they have suffered for their survival, they will fight to maintain it.

Yo fui a la playa buscando algo nuevo. Vi una gaviota que sacó un cangrejo y comenzó a comérselo, y otra gaviota llegó y se pusieron a pelear por la comida.

Me di cuenta que los humanos somos como animales, que cuando han sufrido por su sobrevivencia, van a pelear para mantenerla.

BEATRIZ

My children all know how to iron, do laundry and cook, because I taught them. This is one of the things I learned from my parents, and my parents learned from my grandparents. . .So there is no need to come to the U.S. to change one's ideas or ways of being.

_____

Mis hijos todos saben cómo planchar, lavar y cocinar, porque yo les enseñé. Ésta es una de las cosas que aprendí de mis padres, y mis padres aprendieron de mis abuelos... Así que no hay ninguna necesidad de venir a los Estados a cambiar nuestras ideas o formas de vida.

PHOTO: BEATRIZ

JORGE

This is a taco truck I like to go to once a week. I like the seasoning of the food, even though after 20 years here I've gotten used to the food on this side. The good food is good, but the flavor of Mexico is hard to find. But those are things I don't really miss, I don't miss the flavor of Mexico, I don't miss the life of Mexico. I'm used to living here.

_____

Este es el taco truck al que me gusta ir una vez por semana. Me gusta cómo sazonan la comida, aunque después de 20 años ya me acostumbré a la comida de este lado. La comida es buena, pero el sabor de México es difícil de encontrar. Esas son cosas que en realidad no me hacen falta, no me hace falta el sabor de México, estoy acostrumbrado a vivir aquí.

PHOTO: JORGE

PHOTO: JUAN

JUAN

That is a soldier. He is dressed in his uniform and he represents the training he has received. It makes me think of my training I received when I was in Guatemala. I feel that I was well-trained in my country. I could join the army here if they told me to go. I hear how the U.S. army is fighting in Iraq and Iran and I ask myself, will I go and fight in that war?

Ése es un soldado vestido en su uniforme, y representa todo el entrenamiento recibido. Me hace pensar en mi propio entrenamiento en Guatemala. Yo siento que fui bien entrenado en mi país. Podría unirme al ejército aquí si me dijeran que fuera. Oigo decir que Estados Unidos está peleando en Irak y en Irán, y me pregunto: "Yo iría a pelear en esa guerra?"

RAMÓN

That picture is at Christmastime and I had to work on Christmas Day, so when I was coming back home I remembered that in Mexico there is a nice tradition of getting together with family and to spend time together for the dinner have pozole and other traditional dishes . . . I was going back to the shelter. In Mexico I have my brothers. My parents, they are dead.

Esta foto es en la navidad, yo tuve que trabajar el día de navidad, así que cuando iba caminando de regreso a casa me acordé que en México tenemos una bonita tradición de juntarnos con la familia y pasar el tiempo juntos, comer juntos con pozole y otros platos típicos. Yo iba de regreso al albergue. En México tengo a mis hermanos. Mis padres ya murieron.

PHOTO: RAMÓN

PHOTO: JORGE

JORGE

Seattle, the city of the Seahawks, is not only the one that has given me more opportunities, but also the city that has taught me the most. Here you have more opportunities to learn English, or the simple fact that you can get a driver's license, or an ID. It's a very big advantage. It's also very fun to be here, there are many things can be done. I think that people here are more generous. I see it when you go out for a job from here. They take you to their homes and they trust you.

Seattle, la ciudad de los Seahawks, no es sólo la que más oportunidades me ha dado, sino también la ciudad que más me ha enseñado. Aquí tú tienes más oportunidades para aprender Inglés, o por el simple hecho que aquí puedes obtener una licencia de conducir, o una identificación. Es una gran ventaja. También es muy divertido estar aquí, hay muchas cosas que se pueden hacer. Yo creo que aquí las personas son más generosas. Lo veo cuando voy a un trabajo de aquí de Casa Latina. Aquí te reciben en sus casas y te tienen confianza.

ABOVE, RIGHT TOP, RIGHT CENTER: SALOMÓN; RIGHT BOTTOM, R. GÓMEZ

SALOMÓN

When I took this picture I was just standing, waiting for the bus, in the tunnel in Seattle. I was there thinking about the plan of my life, knowing where are you going, being present in the moment that you're in, not being blocked by obstacles.

Cuando tomé esta foto estaba parado esperando el bus, en el túnel de Seattle. Yo estaba ahí pensando sobre el plan de mi vida, sabiendo hacia dónde voy, estando presente en el momento presente, no me sentía bloqueado por obstáculos.

LIFE IN THE TERRITORY

Cali and Bahía Málaga, Colombia

PHOTO: R. GÓMEZ

HOOVERT *(Bahía Málaga)*

Men rely on women, from the first to the last moment of our lives. An important element in that relationship is the security of having food, delicious and healthy food, which gives strength to our spirit and soul, strength to remember our purpose to preserve our territory. These women, whom we call "sazoneras," they are kitchen wise.

Los hombres dependemos de las mujeres desde el el primer momento hasta el último de nuestras vidas. Un elemento importante de esa relación es la seguridad de poder tener alimento sano y rico, que da fuerza al espíritu y al alma para conservar el propósito de mantener el territorio. Ellas son unas sabias de la cocina.

FANNY *(Bahía Málaga)*

When I was ten years old, my mother taught me how to make a corn wrap (envuelto). There are a lot of things you can do with corn. I learned to cook when I was 12 or 13 years old. Before they called us cooks, but now with study and thanks to the community council, they call us "sazoneras" (seasoning ladies).

———

A los diez años empecé a cocinar, mi mamá me enseñaba cómo se hacía el envuelto, de todas maneras del maíz se hacen muchas cosas. Y ya uno va aprendiendo, me buscaban a mí a la edad de 12 o 13 años para que yo cocinara. Antes se decía cocinera, ahora por medio del estudio, los consejos comunitarios, nos dieron el nombre de sazonera, quedamos como sazoneras.

PHOTO: N. ESCOBAR

PHOTO: D. GÓMEZ

DAVID *(Siloé)*

It's an ancient tradition. The "Dablitos" rhythms are really accelerated. If you try to write sheet music with it, it will be very difficult. The real goal is to make noise so people will listen and give them money. That sound isn't nice, what is really good is to see it all together: the dance, the rhythm, the noise. We are trying to make it easier for outsiders to understand and enjoy it. How can we make a successful fusion, like they did in Brazil?

Es una tradición de nosotros muy antigua. Y resulta que los ritmos de los diablitos aquí son muy acelerados, o sea si vos lo vas a llevar a pentagrama es muy difícil. Porque, la intención del ritmo es hacer bulla, para que la gente salga a darles dinero. Entonces, melódicamente no es agradable, lo que es agradable es ver el conjunto: el baile con la bulla, el ritmo con el baile. Entonces, nosotros tenemos que buscar el punto intermedio entre esos ritmos, pero llevarlo a que sea armónico, para una buena presentación, un buen montaje. Porque, la gente de afuera no nos va a entender. ¿Cómo lo podemos fusionar? ¿Cómo lo podemos hacer como en Brasil?

PHOTO: N. ESCOBAR

HOOVERT *(Bahía Málaga)*

We built everything with our own hands. This is a very continuous picture, although lots of the young people of the new generation are going away from the country, and they are going deep in the scientific-technique topics, putting away the relationship with nature.

Todo lo fabricamos con nuestras propias manos. Y es una fotografía muy continua, aunque gran parte de la nueva generación se está alejando un poco del monte y se está adentrando más en el tema técnico-científico dejando de lado la relación con la naturaleza.

Yolima and the spirit

•••

My mother was always telling me: "the spirit, when it wants to appear, it appears". So I was telling her that I wanted to see the spirit. "But it does not appear in the house. Suddenly you hear it crying and if you see it. . . it is better that you don't see it, because the spirit is ugly, and it frightens you". She said that the spirit looked like a person, but its feet were turned backwards, and if you saw the spirits' feet you would be afraid, because it was strange. That it looked like a small dwarf wearing a hat, and this is the way he looked like.

But I would not have believed it until I saw it. So the day that they were going to kill my dad and my two brothers, the spirit arrived next to our house, crying, and it was screaming like a baby. You look in the way he is screaming and you don't see anything. Because, my mother said, if you see it, you will faint because of his feet. So you would be scared and your head would grow and your body would bristle, because of looking without seeing, and hearing that scream. My dad said: "this is the sign that they are going to kill us, I don't know whether we are going to die because of this armed conflict, I only know that when the spirit screams next to your house, that is the sign that we are going to die", the men, not the women. And it happen that way. In one month from then, what my dad said happened, after hearing the cry of the spirit.

So then I believed, because I was the one that my dad was telling stories and I would not believe them. These are our beliefs and traditions.

Yolima y el duende

•••

Mi mamá siempre me decía: "el duende cuando quiere aparecer, aparece". Entonces, yo le decía que yo quiero ver al duende. "Pero en la casa no aparece, de pronto lo escuchas llorar y si lo ves, es mejor que no lo veas porque el duende es muy feo y te asustas". Entonces, dijo que el duende era así como uno, pero los pies eran para atrás, y si uno le veía los pies al duende uno se asustaba, porque se veía raro. Se veía un enano bajito, de un sombrero, pero era la forma de presentarse de él.

Bueno, entonces yo hasta no ver, no creer. Entonces, el día que iban asesinar a mi papá y a mis dos hermanos, el duende llegó llorando al ladito de la casa y chilla idéntico a un bebe. Usted mira a donde está chillando y usted no ve nada. Porque, dice mi mamá que si uno lo ve se desmaya porque los pies son así como ya le he contado. Entonces, le daba susto a uno y se le crecía la cabeza a uno y el cuerpo se le erizaba, porque mirar y no ver nada, y escuchar chillar así. Dijo mi papá "eso es señal de que nos van a matar, no sé si de pronto nos morimos por este conflicto armado, sólo sé que el duende cuando llora al lado de la casa, es la señal de nos vamos a morir", los hombres, pero no las mujeres. Y eso fue así, al mes sucedió lo que papá dijo, después de escuchar chillar al duende.

Entonces, allí ya creí, porque yo era una persona que papá me contaba cosas y yo no creía. Esas son las creencias y nuestras costumbres.

PACHITA *(Bahía Málaga)*

We are migrant women, we have created
a school for cultural identity to help our
people understand they don't have to leave,
they can stay in their territory. We can
travel, you know, but not because we are
afraid. We see so many who have left or
who don't know where to go.

———

*Nosotras somos mujeres migrantes, y hemos creado
una escuela de identidad cultural para ubicar nuestro
pueblo, no a salir, hay razones por las cuales no salir
de nuestros pueblos a migrar. Salir a mirar, a conocer,
pero no porque nos asustaron y nos fuimos. Porque
miramos que allá cómo está la gente, que no sabe para
dónde ir.*

PHOTO: S. VANNINI

PHOTO: N. ESCOBAR

PACHITA *(Bahía Málaga)*

I am a very proud black woman, like the "currulao," I was born from the womb of a strong and pure black woman, proud to come from others of the same blackness. I come from a culture bound to joy, I am a descendant of those who broke the chains of slavery and planted freedom forever in our veins.

Negra soy y a mucho orgullo, como la espesa menguante, el currulao y el arrullo, nací de las entrañas de una negra fuerte y pura, orgullosa de venir de otros de igual negrura. Yo vengo de una cultura obligada a la alegría, donde es la manglería la que nos moja con el sol, yo soy descendiente de aquellos que rompieron las cadenas, y sembraron libertad para siempre."

PHOTOS: JUAN CARLOS

JUAN CARLOS *(Buenavista)*

At first I didn't understand what it means to be an indigenous person. Now I understand it, and I have beeing teaching this meaning to my son. He gets it, he is just three years old but his memory is very developed.

Es que al principio, como yo le decía, yo no entendía nada de esto, yo no sabía que era un indígena. Hoy en día yo entiendo todo esto, y lo que yo entiendo es lo que le estoy enseñando a mi hijo. Y mi hijo ya lo entiende, lo capta muy bien a pesar que tiene 3 años, él tiene una memoria muy avanzada y entiende muy bien esto.

HOOVERT *(Bahía Málaga)*

Here we have female and male resistance and that creates what Chinese people called the yin and the yang: while men reflect resistance in a strong relationship with the land, women reflect that resistance in a more concrete relationship with the territory, where there is more water and posibilities to produce, or at home with parenting, transmitting oral tradition, educating the kids.

Hay resistencia femenina y masculina y eso es lo que genera lo que decían los chinos: el yin y el yang, mientras los hombres reflejamos la resistencia en una relación más fuerte con el monte, la mujer en una relación con una parte del territorio más concreto donde hay más agua y más posibilidades de producir o en la casa en la crianza de los hijos, trabaja la tradición oral, la que educa a los niños.

PHOTO: R. GÓMEZ

JUAN CARLOS *(Buenavista)*

Here we have in first place, we have the CRIC flag. After that, we have the ponchos that make us warm in both physical and spiritual ways because they work as shields against bad energy. Those are our hats, they are typical and cover us from the heat, they also work against bad ideas that come from the outside. Finally, we have the indigenous batons that represent the historical resistance of our people.

En esta foto primero que todo está la bandera del CRIC. Segundo, están las ruanas que son las que nos abrigan a nosotros, pero en la parte espiritual también, porque la ruana sirve como escudo para malos pensamientos o cosas malas espirituales. También están los sombreros, que son un atuendo típico, y más que cubrirnos del calor, nos sirven para los malos pensamientos que vienen desde afuera. También está el bastón indígena que es la lucha de resistencia de los pueblos indígenas.

PHOTO: D. GÓMEZ

DAVID *(Siloé)*

We are preserving the historical memory of our territories. A place without memory is not a territory, it doesn't exist. That is what we understand.

———

Queremos mantener la memoria histórica de nuestro territorio. Un pueblo sin memoria histórica, no es un pueblo, no existe. Eso lo entendemos nosotros.

PHOTO: S. VANNINI

2.3

Home and sense of belonging

Hogar y sentido de pertenencia

PHOTO: L. ZÚÑIGA

FERNEY *(Bahía Málaga)*

For us, the territory is the place where our thoughts live, our place to live. It is related to our cultural identity, our spirit, and nature. Our territory is more than a tree or a piece of land. We have an intrinsic relation to our territory, a whole that is difficult to describe.

Para nosotros el territorio es por donde transita el pensamiento propio, es nuestro espacio de vida, es relacionar esa identidad cultural, espiritual con la naturaleza, entonces va más allá de un árbol o de un terreno, hay una relación intrínseca, entre nosotros, y el territorio, somos un todo, difícil de descifrar.

HOME AND
SENSE OF BELONGING

Where do I belong? Where is home?

These are among the most difficult questions for migrants, yet two of the most profound. The sense of home and belonging encloses and condenses the whole experience of migration and the struggle of migrants to maintain or recreate their identities.

At different degrees, the relationship with the land, the place of birth and where one's people are, is essential and has considerable implications in all cultures. This explains the Colombian communities' struggle to give a future to their children in the "*territorio,*" their territory, the only place where they feel they can be happy.

In Seattle, migrants are torn between missing their place of birth, where their families of origin are, and feeling established where they are now, after so many efforts to accomplish so much in a foreign country. Which one is home? Which implications does it have on their cultures? Would they go back? Was the decision to stay or to return even a conscious one?

The many stories collected in this chapter show that the concept of "home" can have many facets. Home is where your roots are, where you were born or where you will die; where you have learnt so much, or where you still have much to learn; home is a dining table, or a shelter where you get food. Home is where I will sleep tonight. Home is nowhere anymore.

HOGAR Y SENTIDO DE PERTENENCIA

¿Dónde pertenezco? ¿Dónde está mi hogar?

Éstas son unas de las preguntas más difíciles para los migrantes, y también unas de las más profundas. El sentido de pertenencia, de hogar y raíz, abarca toda la experiencia de la migración y la búsqueda constante por mantener o recrear las raíces del migrante.

De diferentes maneras, las relaciones con la tierra, con el lugar de nacimiento y el lugar donde está "mi gente" son algo esencial, con implicaciones importantes en todas las culturas. Esto explica la búsqueda de las comunidades colombianas por construir un futuro para sus hijos en el territorio, su territorio, el único lugar donde se sienten que pueden ser felices.

En Seattle los migrantes se sienten desgarrados entre la ausencia del lugar de nacimiento, el lugar donde se encuentran sus familias de origen, y el sentirse establecidos donde están ahora, después de muchos esfuerzos para conseguir salir adelante en este nuevo país lejano. ¿En cuál país está mi hogar? ¿Qué implica esto para sus familias, su cultura? ¿Regresarán un día? ¿Se toma conscientemente la decisión de quedarse, o de irse?

Las historias recogidas en esta sección muestran que la noción de "hogar", "home," puede tener muchas caras. Hogar es donde naciste, o donde vas a morir; donde has aprendido mucho, o donde tienes mucho por aprender; donde está tu mesa de comedor, o el albergue donde te sientas a comer. Mi casa es donde duermo esta noche. Mi hogar ya no es en ninguna parte.

LIFE IN THE NORTH

Seattle, Washington

MARIA

When I saw that place, I imagined myself in my village, on the farm, when you go out to the open fields to prepare the earth for work. This is here, over by Tukwila somewhere, you always remember, it feels like where the stream ran by my home. I miss that place a lot. Everything from over there in Mexico, being with my family. But oh well, we have to be here . . .

———

Cuando vi este sitio me imaginé a mi misma en mi pueblo, en la finca, donde vas a los campos a preparar la tierra para el trabajo. Esta foto es aquí, allá por Tukwila en alguna parte, pero uno siempre recuerda. Se siente como el arroyo que corría por mi casa. Me hace mucha falta ese sitio. Todo lo que es de allá en México, estar con mi familia. Pero bueno, tenemos que estar aquí.

PHOTO: MARIA

“ **Now that I have my documents I will go back home more often. Once my kids are out on vacation, I plan to go with one or two of them. I want to be back in that peaceful place. I imagine I am there, kneeling down washing my clothes in the river, although there is no water in this picture, but I was imagining it because that's how it used to be.”**

MARIA

“ *Ahora que tengo mis documentos voy a volver a casa con más frecuencia. Cuando mis hijos estén en vacaciones voy a ir con uno o dos de ellos. Quiero ir otra vez a ese lugar tan pacífico. Me imagino estar allí, arrodillándome para lavar mi ropa en ese río. Aunque no hay agua en esta foto, yo me la imagino porque así es como era antes.”*

PHOTO: GILDA

GILDA

I saw this person sitting under a tree by Lake Washington. When I lived in my village, I would go out to the beach and sit to watch the waves and the ocean. So, I remembered myself sitting there looking across the water. I saw the other side of the water while being on THIS side of the water.

Yo vi a esta persona sentada debajo de un árbol al lado del lago Washington. Cuando vivía en mi pueblo, iba a la playa y me sentaba a ver las olas y el mar. Entonces me acordé de mí misma allí sentada mirando a través del agua. Vi el otro lado del agua, a la vez que estaba de ÉSTE lado del agua.

PHOTO: GILDA

GILDA

I have many memories after living 15 years in this country. They remind me of the joy, the suffering and the sadness of all these years. I always thought, "I'm going to back next year . . ." This is why I took the picture of the number 15.

I dream about going back to my country and to my family. I see Guatemala as my home. That is where my belly button is buried. I feel that my essence, drive and energy are in my country.

At the same time, I love this country despite all the things that I have gone through. Here, I can accomplish many things and seek out my own path. . . . It's a conflictive feeling, very difficult to define.

Yo tengo muchos recuerdos después de vivir 15 años en este país. Me recuerdan de la alegría, el sufrimiento, la tristeza de todos estos años. Siempre pensé: "me voy a regresar el próximo año." Pero se fue pasando el tiempo y ya son 15. Por eso tomé esta foto del número 15.

Yo sueño con volver a mi país y a mi familia. Bueno, veo Guatemala como mi casa. Aquí es donde está enterrado mi ombligo. Esto representa mi casa. Al mismo tiempo, me encanta mi espacio aquí. Me encanta este país a pesar de todas las cosas que he han pasado. Aquí, he podido perseguir mis oportunidades y buscar mi propio camino. . . . Es un sentimiento conflictivo. A veces es muy difícil de definir.

" I'm leaving and I will not return. I've been here 10 years. I came to this country and I made the big mistake of staying here. I regret having made that mistake. I thought maybe I could help my child more, so I stayed, and you know a person that comes to this country, we get used to quick money, even though we know half of it stays here."

BEATRIZ

" Me voy y no voy a regresar. He estado aquí por diez años. Yo vine a este país y cometí el gran error de quedarme. Lamento haber hecho ese error. Creí que tal vez podría ayudarle a mi hijo más aquí, así que me quedé. Pero ya sabes, la persona que viene a este país, nos acostumbramos rápido al dinero, aun cuando la mitad se queda aquí."

PHOTO: CARLOS

CARLOS

I need to start doing something for when I'm old. Where will I be? Maybe I can live quietly in somewhere in Central America that is not too expensive. I am from El Salvador but I really like Guatemala. So I would like to live there. Or maybe when I get my papers I can come and stay here.

Tengo que comenzar a hacer algo para cuando esté viejo. ¿Dónde estaré? De pronto puedo vivir en alguna parte en Centroamérica donde no sea muy costoso. Yo soy de El Salvador pero me gusta mucho Guatemala, y me gustaría vivir allí. O tal vez consigo mis papeles y puedo venir y quedarme aquí.

VENTURA

Do you ever feel like you want to return to Guatemala?

No. I may go, but maybe when I'm dead. Dead, perhaps I will then return. They don't want me alive there.

¿Alguna vez siente deseos de regresar a Guatemala?

No. Tal vez muerto. Muerto tal vez regrese. No me quieren vivo allá.

PHOTO: VENTURA

JUAN

I took this picture because I've been in the U.S. for years and I would be embarrassed if I did not know who was the first president of the U.S. I feel this is my home, and I feel like I'm from Guatemala, but this is my home too. He is the father of the nation because he was the first president. And here we are in the state of Washington that honors George Washington.

———

Tomé esta foto porque he estado en los Estados por años, y me daría pena que me pregunten y no saber quién fue el primer presidente de los Estados Unidos. Yo siento que ésta es mi casa, y siento que soy de Guatemala, pero que ésta es mi casa también. Él es el Padre de la Nación, porque fue el primer presidente. Y aquí estamos en el Estado de Washington, que le hace homenaje a George Washington.

PHOTO: JUAN

This is a picture of the two main parties of the U.S., the Republicans and the Democrats. I was not born in this country but one day I would like to be able to vote. Maybe in 10 years, in 20 years. One day.

———

Ésta es una foto de los dos partidos políticos principales en los Estados, los Republicanos y los Demócratas. Yo no nací en este país, pero un día me gustaría poder votar. Tal vez en 10 años o en 20. Un día.

PHOTO: JUAN

PHOTO: VENTURA

VENTURA

I live at the shelter in City Hall, with people who also have nowhere to sleep . . . Ever since I arrived in Seattle, I have stayed there, on a mattress . . . Home is wherever I land, like the saying goes, where the night falls, the body falls as well.

———

Yo vivo en un albergue en la alcaldía, con otras personas que tampoco tienen dónde dormir. Desde que llegué a Seattle me he quedado allí, sobre un colchón. Mi casa, mi hogar, es donde caiga. Como dice el dicho, donde cae la noche, también cae el cuerpo.

'PEDRO INFANTE'

I took this photo because he is a fun guy . . . he also works at Casa Latina. I lived on the streets many years, and I know almost everyone from the streets. For many years I slept wherever I could, and it's never bothered me, I didn't care . . . I just live one day at a time. Now I have a small apartment, because I have a friend who helped me. If not, I would still be out in the streets.

———

Tomé esta foto porque él es un tipo muy divertido. Él también trabaja aquí en Casa Latina. Yo viviá en las calles por muchos años, y conozco a casi todo el mundo en las calles. Por muchos años yo dormía donde podía, y nunca me importaba. Yo solo vivo un día a la vez. Ahora tengo un pequeño apartamento, porque tengo un amigo que me ha ayudado mucho. Si no, todavía estaría viviendo afuera en las calles.

PHOTO: 'PEDRO INFANTE'

GILDA

This is my home. There is a table with four chairs. If only I could tell you all the things that have happened at this table. We eat together with my sister, her kids and husband. Also, I sit there with my boyfriend and people who come visit me. For me, this place is very sacred. It's my favorite place in the world. This is my own space. Here, I have the feeling that I am.

———

Éste es mi hogar. Hay una mesa con cuatro asientos. ¡Si sólo pudiera decirte cuántas cosas han sucedido en esta mesa! Comemos, junto con mi hermana y sus hijos y su esposo. También me siento allí con mi novio y con amigos que vienen a visitarme. Para mí este lugar es muy sagrado. Es mi lugar favorito en el mundo. Mi propio espacio. Aquí tengo la sensación de que yo soy.

PHOTO: GILDA

SALOMÓN

This is when I first got here to Seattle. This is the apartment I rented. This is my kitchen.

And, in the future, do you want to continue living here?

Oh no, for the future everything is transformation and change . . . Seattle is a nice city, but there's better cities. I want to see the world. I want to keep on traveling.

———

Esto es cuando primero llegué a Seattle. Éste es el apartamento que renté. Ésta es mi cocina.

Y en el futuro, ¿quiere seguir viviendo aquí?

O no, para el futuro, todo es transformación y cambio. Seattle es una linda ciudad, pero hay ciudades mejores. Quiero ver el mundo, quiero seguir viajando.

PHOTO: SALOMÓN

2.3: HOME AND SENSE OF BELONGING

> **As the years go by, I realize that there is a day in which I will have to go back to my country. When I first came here, I did not know the language, did not know many things. Then, I kind of fell in love with this country. I like it. But again, the way things are going, I don't think I will ever allowed to stay here. I will have to go back to my country, even though I don't have any family back there."**

JORGE

> *A medida que pasan los años, me doy cuenta de que hay un día en el que voy a tener que regresar a mi país. Cuando primero vine aquí, no sabía el idioma, no sabía muchas cosas. Después me enamoré de este país. Me gusta mucho. Pero como le digo, a como van las cosas, no creo que me van a permitir quedarme aquí. Voy a tener que regresar a mi país, aun cuando ya no tengo ninguna familia allá."*

PHOTO: CARLOS

CARLOS

That is in the deck of my house. That is me. That's the little plant that I have for decoration on my deck. I like seeing myself there on my deck. I don't feel proud or ashamed or anything.

Do you consider Seattle your home?

Yes. I know I come from El Salvador but this is my home. I have been here for many years.

Éste es el patio de mi casa. Ése soy yo. Ésa es una plantita que tengo para decoración en mi patio. Me gusta verme allí en mi patio. No me siento orgulloso ni avergonzado ni nada.

¿Considera que Seattle es su casa?

Sí. Yo sé que vengo de El Salvador, pero ésta es mi casa. He estado aquí ya por muchos años.

PHOTO: CARLOS

CARLOS

These are homeless people at Pioneer Square.
This is a picture of what reality is like. I have been
homeless, too, but now I have my home, I have an
apartment.

———

*Éstas son personas sin hogar en la plaza de Pioneer Square.
Es una foto de lo que es la realidad. Yo también he vivido en la
calle, pero ahora sí tengo un apartamento, no estoy en la calle.*

PHOTO: GILDA

GILDA

I identify myself with all this water because I feel that it's a lake that transports me back home. I come from Livingston, Guatemala, which has a river that is connected to the sea, like here there is a sea connected to the lake. The connection between the fresh water and the salt water make this place similar to the place where I come from. So when I see water, waves or the sea, it makes me feel like I am on this side, but I want to get to the other side.

Yo me identifico con toda esta agua porque siento que es un lago que me transporta de vuelta a mi casa. Yo vengo de Livingston, Guatemala, que tiene un río que está conectado al mar, como aquí que hay un lago conectado al mar. La conexión entre el agua dulce y el agua salada hace que este sitio se parezca al sitio de donde yo vengo. Así que cuando veo agua, olas o el mar, me hace sentir cque estoy de este lado, pero que lo que quiero es llegar al otro lado.

PHOTO: GILDA

GILDA

I took many pictures of the views of the city. Each time I look at the other side, I see my town. I see houses that are not buildings. I see things different than what I remember, but I need to realize that I am here. I'm on this side. I don't identify myself with this city because it is not my root . . . but I am here. I need to plant my feet on the ground. This is where I live. I don't want to lose my culture, but I have to adapt. The picture is saying "I am here, I am here."

Yo tomé muchas fotos de vistas de la ciudad. Cada vez que miro al otro lado, veo mi pueblo. Lo que veo son casas, no edificios. Veo las cosas diferente a lo que recuerdo, pero tengo que darme cuenta de que estoy aquí. Estoy de este lado. No me identifico con esta ciudad porque no es mi raíz... pero estoy aquí. Necesito plantar mis pies en la tierra. Esto es donde vivo. No quiero perder mi cultura, pero tengo que adaptarme. Esta foto está diciendo: "¡Estoy aquí, estoy aquí!"

LOURDES

This is a picture of the flag of my country of origin. I carry my flag wherever I go. It has millions of people who are around it. It contains all the people from Mexico who live in Seattle. For me, it is a combination of being proud where you made it, and also remembering where your roots are from, remember where you come from so you never deny the soil that saw your birth.

———

Ésta es una foto de la bandera de mi país de origen. Yo cargo mi bandera a dondequiera que voy. Tiene millones de personas a su alredero. Tiene todas las personas mexicanas que viven en Seattle. Para mí, es una combinación de estar orgullosa donde lo lograste, y también recordar de dónde son tus raíces, recordar de dónde vienes para que nunca niegues la tierra que te vio nacer.

PHOTO: LOURDES

BEATRIZ

I took this photo because it is the place where I rest, where I speak my triumphs, my frustrations, my sorrows, sometimes my pain of being away from my family. . . it's my home, my "love nest," as they say, because I live alone. For me, the pillows have a special meaning because they are my partners, I share with them my sorrows, the good and the bad things that have happened to me.

———

Pues, tomé esta foto porque es el lugar donde descanso, donde hablo mis triunfos, mis frustraciones, mis penas, a veces mi dolor al estar lejos de mi familia. . . es mi hogar, mi "nido de amor," como dicen, porque yo vivo sola. Para mí, las almohadas tienen un significado muy especial porque ellas son mis compañeras, y con ellas consulto las cosas que voy hacer, y también comparto mis tristezas, lo bueno, y las cosas malas que me han pasado.

PHOTO: BEATRIZ

2.3: HOME AND SENSE OF BELONGING

PHOTO: CARLOS

CARLOS

How do you imagine yourself when you are 80?

I think I would like to be back in Central America . . . There are nice places in the mountains that are not expensive so when you are an old person you can just go live in those places . . . I think you can live better out in the country or in a small town. I am from El Salvador but I really like Guatemala. So I would like to live in Guatemala.

¿Cómo te imaginas a ti mismo cuando tengas 80 años?

Yo pienso que me gustaría estar de vuelta en Centroamérica. Hay bonitos lugares en las montañas que no son tan caros, y cuando eres una persona mayor te puedes ir a vivir a esos lugares. Creo que se vive mejor en el campo, o en un pueblo pequeño. Yo soy de El Salvador, pero me gusta mucho Guatemala. Así que me gustaría vivir en Guatemala.

PHOTO: MARIA

MARIA

This is the eldest of my brothers and my sister in law with the four nephews, the family. It had been almost 30 years since I had last seen them. Many years. They uploaded that photo to Facebook, and so I took it. They had a big meal with seafood, with very large mojarras, ceviche, shrimp . . . he enjoys it with his family, they come together to eat. I see them and I imagine that I am there with them. Even though I am here, I feel like I am there among them.

Éste es el mayor de mis hermanos, y mi cuñada con los cuatro sobrinos. Es mi familia. Hacía unos 30 años que no los veía. ¡Muchos años! Subieron esta foto a Facebook y yo la tomé. Tuvieron una gran cena con comida de mar, con grandes mojarras, ceviche, camarones. . . a él le gusta compartir con su familia, se reúnen a comer. Yo los veo en la foto y me imagino que estoy allá con ellos. Aun cuando estoy aquí, siento que estoy allá.

PHOTO: GILDA

GILDA

Where are your roots?

Wow. That's a very strong question. My roots . . .
I carry my roots with me, you know? It's because
I'm always thinking about my grandparents, and
my parents. My parents brought me into this world.
Also, they raised me and taught me many things.
Also, I think of my grandparents and ancestors.
This is a root. This helps me to continuously move
forward by working. Wherever I go, I feel that my
roots are with me. I carry them with me.

¿Dónde están tus raíces?

*Wow. Esa es una pregunta muy fuerte. Mis raíces . . . yo llevo
mis raíces conmigo. ¿Entiendes? Siempre estoy pensando en
mis abuelos y mis padres. Mis padres me trajeron a este mundo.
También, mis padres me criaron y me enseñaron muchas cosas.
Además, yo pienso en mis abuelos y antepasados. Esta es una
raíz. Debido a toda la lucha que tuvieron, es la razón por la
que yo puedo estar aquí. Esto me ayuda a seguir adelante y
continuar trabajando. Dondequiera que voy, siento que mis
raíces están conmigo. Yo las llevo conmigo.*

"Dreams advise me of things that will happen, and I give thanks to God and appreciate very much this country and the people that have helped me, people that have given me work. I know I will be happy in my country because I leave fulfilled, happy."

BEATRIZ

"Mis sueños me avisan de lo que me va a suceder en el momento, y le doy gracias a Dios y agradezco mucho a este país y la gente que me ha dado la mano, la gente que me ha dado trabajo. Yo sé que voy a ser feliz en mi país porque me voy realizada, contenta."

RAMÓN

Why am I here? . . . It's because at my age in Mexico it's a lot more difficult to find a job because there is a lot of youth. And here even if I am old, maybe not full time but you can still work. In Mexico if you go to look for a job and one is younger than me the other person is the one who is going to get the job. Here it is true as well but less.

¿Por qué estoy aquí? Porque a mi edad en México es mucho más difícil encontrar trabajo, porque hay mucha juventud. Y aquí, aunque estoy viejo, tal vez no encuentro tiempo completo pero sí puedo encontrar trabajo. En México si vas a buscar trabajo y hay otro más jóven que yo, le van a dar el trabajo al más jóven. Aquí es cierto también, pero menos.

PHOTO: R. GÓMEZ

PHOTO: LOURDES

LOURDES

This is Seattle's sunset. I like it when it's getting dark, and when it's getting light in the morning. It makes me feel all the things that we have accomplished in this country. It shows what we have reached since we come from a place where unfortunately, there is not an opportunity to prosper. I thank life because it's a new night before the sun comes out and there is still light in the clouds and sky. This means that I am alive.

Éste es un atardecer en Seattle. Me gusta cuando se está haciendo oscuro, y cuando está aclarando en la mañana. Me hace sentir todas las cosas que he logrado en este país. Muestra lo que hemos logrado desde que vinimos de un lugar donde, desafortunadamente, no hay mucha oportunidad para prosperar. Doy gracias a la vida porque es una nueva noche antes de que salga el sol, y hay luz todavía en las nubes y en el cielo. Esto quiere decir que estoy viva.

PEDRO

When will I do the floor of my own home? To have your own home, you have to work a lot. You have to work and work and know how to save. If you're lucky and if you get a stable job and you know how to do it well, you can do it.

———

¿Cuándo voy a poner el piso de mi propia casa? Buena pregunta. Para tener tu propia casa tienes que trabajar mucho. Tienes que trabajar y trabajar, y saber cómo ahorrar. Si tienes suerte y agarras un trabajo estable, y sabes cómo hacerlo bien, lo puedes lograr.

PHOTO: PEDRO

LIFE IN THE TERRITORY

Cali and Bahía Málaga, Colombia

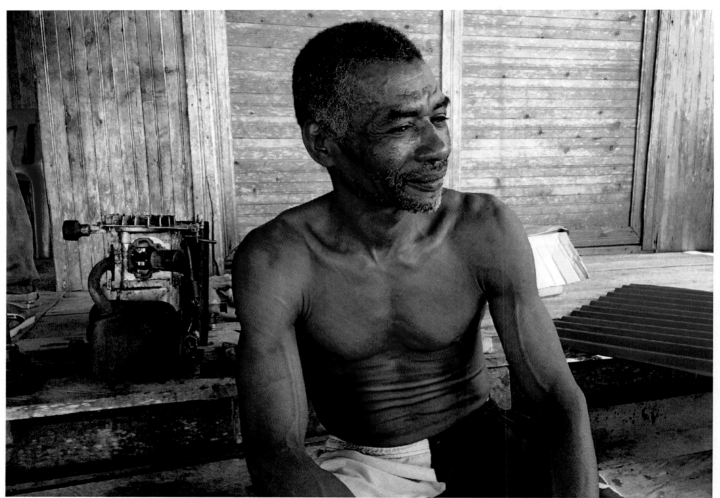

PHOTO: R. GÓMEZ

FANNY *(Bahía Málaga)*

He is from the Diaz family, they married into a native family from here, like our grandparents. If someone comes to live here, we accept them. When we die we don't take the territory with us. If you are a good neighbor you can live wherever you want, because the neigborhood is good.

Él viene de la familia Díaz, que se enlazó con la familia Valencia, esos sí son hijos de unos nativos, nuestros abuelos. Si viene alguien de afuera a vivir aquí, se acepta, porque del territorio uno no se lleva la tierra, siendo un buen vecino puede vivir bien en un lugar porque el vecindario es bueno.

PHOTO: N. ESCOBAR

PACHITA *(Bahía Málaga)*

I remembered that song: "El mas bonito se me fue, oio pango, pangoé, el mas bonito se me fue."

I remember when the sun rose I would make breakfast and he would go on his way, he would bring the best plantains, we had the girls . . . That is the true meaning of being rich, of having everything. And then, to have to leave it all, leave our territory because of the armed conflict. When we got out they almost killed him, they forced him to go, almost like a kidnapping.

Me acordé de este canto, "El más bonito se me fue, oio pango, pangoé, el más bonito se me fue."

Me acuerdo que cuando amanecía yo hacía el desayuno y él se iba a su camino, traía los mejores plátanos, estaban las niñas. Eso es ser rico, eso es tenerlo todo. Y tener que salir de los territorios por los conflictos de Estado, cuando salimos, lo llevaron a manejar una lancha, y allá casi lo matan en un enfrentamiento, y lo obligaron a ir, prácticamente un secuestro.

PHOTO: L. ZÚÑIGA

JUAN CARLOS *(Buenavista)*

The indigenous movement is not just for indigenous people. It is for all kinds of persons: afro, peasants, mestizos . . . In the end, we are all indigenous, even if we have different skin or eye color we are equal. We were all mixed in the Spanish conquest, nobody is pure, we were all mixed between different indigenous groups, and with whites and afros. That is why we are all indigenous, and our home is everyone's home.

PHOTO: L. ZÚÑIGA

Este movimiento indígena no es sólo para los indígenas, es para todos los sectores, como el afro, campesinos, mestizos, colonos. Porque igual todos somos indígenas, que hoy tengamos un color diferente o unos ojos diferentes, no significa que seamos diferentes a los demás. Todos somos iguales, todos fuimos mezclados en el tiempo de la conquista, ninguno somos originales, ni siquiera nosotros los indígenas. Fuimos mezclados con los afros, blancos, entre los mismos indígenas, por ello todos somos indígenas y la casa es de todos.

PHOTO: L.F. BARÓN

JORGE *(Buenavista)*

That's the place where we are, where we live: our neighborhood. That flag means the symbol of the indigenous council. The city: Cali.

Éste el sitio donde estamos ubicados, donde estamos viviendo: el barrio. La bandera significa el símbolo del cabildo. La ciudad, Cali.

PHOTO: S. VANNINI

YOLIMA *(Buenavista)*

In our territory it is different from here in the city. There the community comes together in the community house, it can be 200 or 300 people. We plant and harvest the food, then we bring it to the community house and it's distributed between the community. Some of it is sold, so the money helps buy other things.

En comunidad así como se reúne en el cabildo, pueden ser 200, 300 personas, va uno al lugar, al territorio que tiene uno propio del cabildo y se trabaja, y se siembra los cultivos que sea, y la misma cantidad se va a cosechar, y se trae a la casa del cabildo, y de ahí ya se reparte para el mercadito de lo que es para la quincena, y el resto se vende, y esa plata para ir sacando adelante.

SAMUEL *(Siloé)*

I came here when I was 9 years old, when Jorge Eliécer Gaitán was killed. There was a special police force called "Chulavitas," a kind of community police. The major of Restrepo took my dad out of there. Then Don Pedro Antonio Ospina, someone who had a farm in front of ours and worked as a miner here in Siloé, asked my father to let me come here and make food for him while he mined for coal, so that is when I first came here.

———

Yo llegué cuando tenía nueve años, el día que mataron al doctor Jorge Eliecer Gaitán, el 9 de abril de 1948. Cuando eso había una policía que se llamaba "La Chulavita", que eran unos policías comunitarios, entonces ellos, pues el alcalde del pueblo de Restrepo mandó a recoger a mi papá, porque mi papá era muy conocido en Restrepo y todo eso, a sacarlo de ahí de la finca. Entonces había un señor, Don Pedro Antonio Ospina que tenía una finca al frente de la de nosotros y él trabajaba de minero aquí en la comuna, entonces él le pidió permiso a mi papá para que me dejara venir con él para que yo le hiciera la comida a él, mientras él trabajaba sacando carbón, entonces ahí fue cuando me vine con él y llegamos acá a las 3:15 de la tarde.

PHOTO: S. VANNINI

2.3: HOME AND SENSE OF BELONGING

PHOTO: D. GÓMEZ

DAVID *(Siloé)*

Here we have a trail, made by the community. Do you want to walk the trail with us? It's exactly what our ancestors did, and what humanity has done through history: to live in community. Community means "common," for everyone, and "unity," united. So, it's all about that. Here in Colombia it's called "minga" or "convite" and that's the way territories have been created.

Aquí tenemos un sendero que lo han hecho, todo este sendero, entonces los visitantes entran por allá. ¿Quiere caminar con nosotros por el sendero? Es exactamente continuar con lo que hicieron los abuelos de nosotros, y continuar, con lo que ha hecho el ser humano en la historia, que es unirse en comunidad, comunidad significa "común", de todos y "unidad", unidos. Entonces es fundamentalmente eso, aquí en Colombia le llaman convites o mingas, y así se han construido los territorios, no solamente en Colombia.

PHOTO: R. GÓMEZ

PACHITA *(Bahía Málaga)*

An afro-descendant population without territory is nothing; the territory is where they develop their lives, where they do their songs, where they are happy. It is the place where they can sing and scream and make love and make noise in any way they want.

Una población afro descendiente sin territorio es nada; el territorio es donde hacen sus prácticas, inclusive su canto, desarrolla su vida, casas grandes a su estilo, donde se es feliz, donde yo pueda cantar y gritar y nadie me diga nada, donde la casa sea "distanciosa" porque el negro hace el amor con gritos, con bulla, y entonces es libre de hacer su amor como quiera.

PHOTO: L. ZÚÑIGA

HOOVERT *(Bahía Málaga)*

What characterizes La Plata Bahía Málaga as an ancestral territory of our black community is that the population has been here since 1624. This community is the expression of the expansion and territorial appropriation of that black community, initially on the islands and then on the mainland, and its path to improve the living conditions of its people.

Lo que caracteriza a la Plata, Bahía Málaga como territorio ancestral de comunidad negra es que inicialmente la población se asentó desde 1624 principalmente en las islas e islotes. Y esta comunidad es una expresión de la expansión y la apropiación territorial de esa comunidad negra principalmente insular luego continental con el pensamiento de mejorar las condiciones de vida.

PHOTO: R. GÓMEZ

HOOVERT *(Bahía Málaga)*

We are focused on building a future that allows us to support ourselves and to sustain the future generations that will maintain our territory. Territory is the place where the thoughts live, the thoughts of our elders, and those of our children. That is the most important thing. Other important principles and rights in our community are autonomy, participation, our own view of development, and self-determination. This is how we will improve colective welfare and how we can remain in our territory. To guarantee the generational renewal, so our children can tell our grandchildren: "This is where my grandfather lived, he planted this, he harvested this . . ."

La gente está más concentrada en cómo se construye ese futuro que le permita sostenerse y sostener las futuras generaciones para que mantenga el territorio, porque el territorio es el lugar por donde transita el pensamiento, de los viejos, de los niños, eso es fundamental. Otros principios y derechos fundamentales de nuestra comunidad son: autonomía, territorio, participación, visión propia de desarrollo y autodeterminación. Con estos elementos y toda la gestión como organización para mejorar el bienestar colectivo, se puede lograr la permanencia en el territorio, como también garantizar ese relevo de generación, para que nuestros hijos les puedan decir a nuestros nietos "aquí vivió mi abuelo, cultivó esto, sacó esto y todavía está."

PHOTO: L.F. BARÓN

LUZ MARINA *(Buenavista)*

Our children are the most beautiful gift we have from god. Our home is our shelter where we protect ourselves from the sun, the cold, and the rain; it is where we rest, where we share happy moments with our family, where we share our meals. It is our refuge.

Bueno, los hijos son para nosotros el regalo de Dios más bello que tenemos en la tierra. La casita significa el sitio de nuestro refugio donde nos escampamos del sol, del frío, de la lluvia; donde descansamos, donde compartimos ratos alegres con la familia, es nuestra morada de descanso, de compartir muchas cosas, de compartir nuestros alimentos, nuestro refugio.

LUIS ALBERTO *(Buenavista)*

I work here even though life is safer in the indigenous reservation. But I love it here, and I do it for my children. I am very proud of my baton, it symbolizes my struggle for the indigenous community. The government is looking to show the bad side of the indigenous communities, but we are not all bad.

———

Vengo a trabajar en esto, porque como te digo en resguardos indígenas es más sano, y ya estoy cogiendo amor a esto, trabajar, seguir adelante, yo por todo lucho por mis hijos . . .

Ahí, pues con el bastón yo siento mucho orgullo, mi frente de mando, seguir luchando por nuestra comunidad indígena, porque Juan Carlos como dijo que las comunidades indígenas van en extinción, el gobierno siempre está buscando el lado malo, hablando mal de los indígenas, todos no podemos ser malos, hay una parte que somos buenos, pero lo bueno no lo publican, sino que lo malo es lo que sacan allá.

PHOTO: S. VANNINI

PACHITA *(Bahía Málaga)*

That is what my friend ("comadre") said: the territory is life and if we leave we lose it, and it is the time to tell this to the people we love . . .

It is a shame, "comadre," I cannot go with you . . . I tell my husband but he does not want to understand. . .

We, the black communities, are oral by nature, that has been our tradition, we don't use written words. We are verse, song, poem.

———

Eso dice mi comadre, el territorio es la vida y que si nos vamos lo perdemos, y que ha llegado el momento de decirle a los que queremos pero . . .

Qué pena comadre, no irme con usted, Yo le hablo a mi marido pero no quiere entender . . .

Nosotros las comunidades somos orales y eso ha sido de tradición, además de no usar la letra. El negro es canto por naturaleza, es verso, poema.

PHOTO: R. GÓMEZ

2.4

Work: livelihood and pride

Trabajo: sustento y orgullo

PHOTO: GILDA

GILDA

I get hope from this tree. I was trying to connect with it, to absorb its energy. The fruit of my work is to positively impact someone. I have made many changes in the life of the women that I work with. For me, it is huge when people tell me "Gilda, you cannot imagine what you have done with my life." I will continue believing in myself and in what I do.

———

Éste árbol me da esperanza. Estaba tratando de conectar con el árbol, absorber su energía. El fruto de mi trabajo es tener una influencia positiva sobre alguien. He ayudado a hacer muchos cambios en las vidas de las mujeres con quienes trabajo. Para mí es muy importante cuando la gente me dice: "Gilda, no te puedes imaginar lo que has hecho con mi vida." Tengo que creer en todo lo que hago.

WORK: LIVELIHOOD
AND PRIDE

"We all take pride in our work," says Pedro in Seattle. Most Fotohistorias participants moved in search of better working and living conditions. They leave behind the places where there are less opportunities, and build a better future for themselves and their families through hard work, and a bit of luck.

At the border work is a memory and an aspiration for those who are crossing, but it is very real for the staff at the shelter: they were migrants themselves, and they now work to serve others at the shelter, making it a welcoming place, knowing what it is like to stand in line for breakfast, because "I have been there too." Participants in Seattle frequently live in precarious conditions as day laborers and domestic workers, uncertain about where they will find work each, even with the support of organizations such as Casa Latina. Nonetheless, they take great pride in their work, making things beautiful as a landscaper or gardener, or making places tidy as a housecleaner. Work, or lack of work, defines everyday life. For some participants in Colombia work is not just for income but for the construction of a collective future in the community: work is part of being part of the territory.

TRABAJO: SUSTENTO Y ORGULLO

"Todos estamos orgullosos de nuestro trabajo", dice Pedro en Seattle. Muchos de los participantes en Fotohistorias migraron en busca de mejores condiciones de trabajo, mejor calidad de vida. Dejaron atrás lugares donde hay menos oportunidades, y construyen un futuro mejor para sí mismos y para sus familias a punta de trabajo duro, y un poco de suerte.

En la frontera el trabajo es un recuerdo y un deseo para quienes están cruzando, pero es muy real para quienes se quedaron a trabajar y vivir allí en la frontera, en el albergue, ayudando a otros migrantes como ellos. Hacen del albergue un lugar acogedor y seguro, sabiendo qué se siente de estar allí parado en la fila para recibir desayuno, porque "yo antes estuve allí, yo fui uno de ellos". Los participantes en Seattle con frecuencia viven en condiciones precarias como jornaleros y trabajadoras domésticas, sin saber dónde van a conseguir trabajo cada día, aun con el apoyo de organizaciones como Casa Latina. Sin embargo, sienten mucho orgullo de su trabajo, los jardineros haciendo que los jardines se vean bellos, las que asean casas haciendo que las casas se vean limpias y ordenadas. El trabajo, o la falta de trabajo, define la vida cotidiana. Para algunos participantes en Colombia el trabajo no es sólo una fuente de ingreso sino la construcción de un futuro colectivo en la comunidad: el trabajo es parte de ser parte del territorio.

LIFE IN THE NORTH

Seattle, Washington

PEDRO

This woman is my teammate. She works doing housecleaning and I work outside doing patios or cobblestones. We have worked together and people like how she works and people like my work so that's why we are associates.

———

Ésta mujer es mi socia. Ella trabaja haciendo aseo de casas, y yo trabajo afuera haciendo patios o adoquines. Hemos trabajado juntos y a la gente le gusta cómo ella trabaja, y también les gusta mi trabajo, así que por eso somos socios.

I like taking pictures of the work I do. Then when I go to another house and they want a referral I can say, "Here, I show you some pictures and you can tell me if you like it or not." They look at the pictures and they give me the job. The pictures are good as evidence of the work I can do. Also to have new ideas, because we are always learning.

———

Me gusta tomar fotos del trabajo que hago. Entonces cuando voy a otra casa y quieren una recomendación les puedo decir: "Mire estas fotos de lo que he hecho y me dice si le gusta o no." Así miran las fotos y me dan el trabajo. Las fotos son buenas como evidencia del trabajo que puedo hacer. Y también para tener nuevas ideas, porque siempre estamos aprendiendo.

PHOTOS: PEDRO

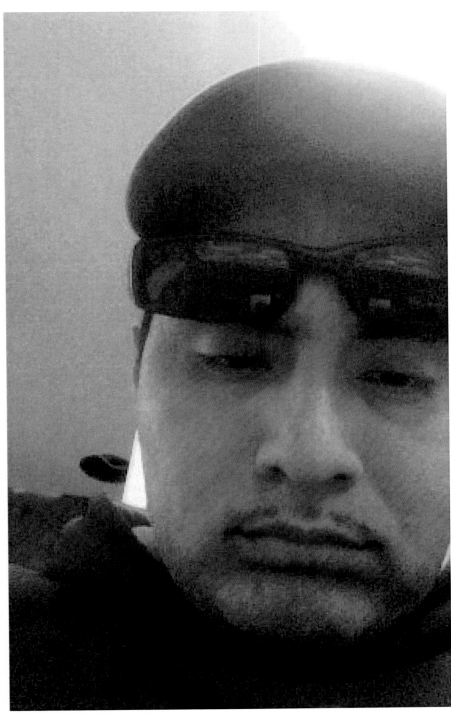

PHOTO: PEDRO

PEDRO

I am proud of myself and of my work.
I think we all have pride in our work. Like
you, or me, we both have pride in our work,
of something that we are, something we do.
Because if we don't have that pride then we
cancel ourselves and we are nothing.

———

Yo estoy orgulloso de mí mismo y de mi trabajo.
Creo que todos tenemos orgullo de nuestro trabajo.
Como tu o como yo, ambos estamos orgullosos de
nuestro trabajo, es algo que somos, algo que hacemos.
Porque si no tenemos ese orgullo entonces nos
cancelamos a nosotros mismos y no somos nada.

BEATRIZ

My employer in this house is very particular about how she wants her house cleaned and her bed done. I clean very thoroughly, and she likes my work. So if it were not for that bed, and the way in which I tend to it, I would not have this job. I believe I have this job because of how I work and clean, the special touch, the delicate approach, whatever nice thing about it she likes. I have worked with her for 5 years now.

Mi patrona es muy peculiar sobre cómo quiere que le limpien su casa y que le hagan su cama. Yo limpio como ella quiere, y a ella le gusta mi trabajo. Si no fuera por esta cama, y la manera en que la tiendo, no tendría yo este trabajo. Yo creo que tengo este trabajo por la manera en que trabajo y limpio, el toque especial, lo delicado, algo bonito que a ella le gusta. Yo he trabajado con ella por 5 años.

I like my work doing housecleaning. It's hard but I like it. I plan on being here two more years, maybe less, then I'm going back home. Here is a piggy bank, I'm trying to fatten that piggy bank for my trip home.

Me gusta mi trabajo limpiando casas. Es duro, pero me gusta. Yo planeo estar aquí unos dos años más, tal vez menos, y después me voy de vuelta a casa. Aquí tengo una alcancía, estoy engordando esa alcancía para mi viaje a casa.

PHOTOS: BEATRIZ

PHOTO: BEATRIZ

BEATRIZ

People come here with a wrong image, they think it's very easy to make money. When I first arrived in this country I worked in a fishing plant for two years, and every night I would go to my room and stand in the shower and cry. What you have to go through is terrible.

Las personas vienen aquí con la imagen equivocada, creen que es muy facilito hacer dinero. Cuando primero llegué a este país trabajé en una pescadería por dos años, y cada noche al llegar a mi cuarto me metía a la ducha a llorar. Lo que tienes que vivir es terrible.

PHOTO: LOURDES

LOURDES

I teach cooking. I like cooking and sharing. I make food for sale in different events. Cooking is something that I have in my blood. Selling is what moves me forward in life. When I host a food sale, it feels as if I have won the lottery.

A mí me gusta cocinar y compartir. Doy clases de cocina, y preparo y vendo comida en diferentes eventos. La cocina es algo que llevo en mi sangre. Vender es algo que me mueve hacia adelante en la vida. Cuando hago una venta, siento como si hubiera ganado la lotería.

PHOTO: BLAS

BLAS

I took this picture because it reminded me of a small town in California where I work picking grapes for the wineries. Every time I see grapes I remember that because I picked many grapes for wine. I was 15 or 16 years old. That's where I left my youth.

Tomé esta foto porque me recuerda de un pueblito en California donde trabajé cosechando uvas para las fábricas de vino. Cada vez que veo uvas recuerdo eso poque coseché muchas uvas para vino. Yo tenía unos 15 o 16 años. Allá es donde dejé mi juventud.

MARIA

This photo is at the job that I have right now, I work in this house every week on Sundays. I really like that it is secure, every week I know I will work there for the day. There are a lot of antiques in the house. I took this photo, and when I saw it I really liked it.

———

Ésta es una foto en el trabajo que tengo ahora, una casa a la que voy todas las semanas los días Domingo. Me gusta que es seguro, cada semana sé que voy a trabajar allí por el día. Hay muchas antigüedades en esa casa. Tomé esa foto y cuando la ví me gustó mucho.

PHOTO: MARIA

RAMÓN

These are gardening tools, very useful.
I like gardening because even though
I cannot change the beauty of a flower,
of a tree, I can help shape it. I can help it
grow and make it live longer. That is our
work as gardeners.

———

Éstas son herramientas de jardinería, muy útiles.
Me gusta la jardinería porque aun cuando no puedo
cambiar la belleza de una flor, de un árbol, puedo
ayudar a darle forma. Puedo ayudarla a que crezca
y que viva más largo. Ese es nuestro trabajo como
jardineros.

PHOTO: RAMÓN

PHOTOS: R. GOMEZ

JORGE

This is the board we have at Casa Latina, we call it a raffle. We have to have luck because we pull cards with names and you need luck to get on the list to go out on a job. So, what I'm saying is that as a migrant, apart from being a good worker, you also have to be lucky.

———

Ese es el tablero que usamos en Casa Latina, le llamamos una rifa. Tenemos que tener suerte porque nosotros sacamos tarjeta con el nombre, y tienes que tener suerte para estar en la lista para poder salir a trabajar. Quiero decir que como migrante, aparte de ser buen trabajador, tienes que tener suerte.

PHOTO: JIMMY

JIMMY

These three people standing in front of Casa Latina, like we all do every day, talking about where we will get a job today. This is what they are saying, "Oh, SOB, how will I make my money today?"

It is a big sadness to get up each day and not make any money, to end up empty and not have any work. You can pray to Jesus and say, "Give us our daily bread," or you can also say, "Why are you not giving me enough bread?"

Estas tres personas paradas frente a Casa Latina, como todos los días, están allí hablando sobre dónde vamos a conseguir trabajo hoy. Esto es lo que están diciendo: "HP, ¿cómo voy a conseguir dinero hoy?"

Es una gran tristeza levantarse cada día y no ganar ningún dinero. Terminar vacío y no tener nada de trabajo. Le puedes rezar a Jesús y decir: "Danos nuestro pan de cada día," o también puedes decir: "¿Por qué no me estás dando suficiente pan?"

PHOTO: JUAN

JUAN

Seattle is a great city. There's a lot of money here. This is where you get paid best. I have worked in Phoenix and in California, where they pay you $5 or $6 per hour, depending on the employer and the job. But here in Seattle, doing landscaping and yard work, I can make $18 to $20 an hour. The only problem is I don't have many employers just now because I left and I came back and I am starting again here in Seattle.

Seattle es una gran ciudad. Hay mucho dinero aquí, y es donde te pagan mejor. Yo he trabajado en Phoenix y en California, donde te pagan $5 o $6 por hora, dependiendo del patrón y del trabajo. Pero aquí en Seattle, haciendo trabajo de jardinería, puedo ganar $18 o $20 por hora. El único problema es que no tengo muchos patrones ahora, porque como me fui y después regresé estoy comenzando de nuevo aquí en Seattle.

PHOTO: JIMMY

PHOTO: R. GÓMEZ

JIMMY

These are all my friends at the assembly here at Casa Latina. I've worked with this guy and with that guy, and with that guy, and all these people. We all get up very early to come looking for our dollar.

—————

Estos son todos mis amigos en la asamblea aquí en Casa Latina. Yo he trabajado con éste y con éste otro, con todos ellos. Todos nos levantamos temprano cada día para venir buscando nuestro dólar.

PHOTO: JORGE

JORGE

I like this photo because the life of the day laborer starts early in the morning. If you want to work you have to get up very early, at least at 5 in the morning. And in the winter, this is what the day looks like. It's dark. This picture is here at Casa Latina at 5 in the morning.

Me gusta esta foto porque la vida como jornalero comienza muy temprano. Si quieres trabajo te tienes que levantar muy de mañana, por lo menos a las 5 de la mañana. Y en el invierno así se ve, porque está oscuro a esa hora. Esta foto es aquí en Casa Latina a las 5 de la mañana.

VENTURA

Here we have to take on work courageously, if not they will ask, "Who can use a jackhammer? Can you do it?" I said: "Yes, yes I can." So they sent me. I have used the jackhammer only three or four times before. Once I had to break down a bench, it was the first time, and I broke it down, but I don't have a photo of that.

———

Aquí tenemos que asumir el trabajo con coraje, si no van a preguntar: "Quién sabe usar el martillo neumático? ¿Tú lo sabes usar?" Y yo dije: "Sí, yo puedo." Así que me llevaron a mí. Yo lo había usado sólo unas tres o cuatro veces antes. Una vez tuve que romper una banca de cemento, esa fue la primera vez, y la rompí, pero no tengo una foto de eso.

PHOTO: VENTURA

PHOTOS: PEDRO

PEDRO

I take a lot of pictures on my phone. Most are of job sites: pavers, flagstones, yard work.
I like to keep a record of my work. The other day I had an interview with a business and I could show
them the pictures. I have my letters of recommendation, but sometimes an employer wants to see
evidence that I can do it, so I can show them on my phone: "This is a design that I have done. Do you
want it this way, or that way, or how do you want it?"

---

*Yo tomo muchas fotos con mi teléfono. La mayoría son de mis trabajos: adoquines, lajas, jardines. Me gusta mantener
un registro de mi trabajo. El otro día tuve una entrevista con una empresa y les pude mostrar las fotos. Tengo mis cartas
de recomendación, pero a veces un patrón quiere ver evidencia de que sí lo puedo hacer, así que les muestro las fotos en mi
teléfono. "Éste es un diseño que hice. ¿Lo quiere así, o de ésta otra manera, o cómo lo quiere?"*

JIMMY

This is the parking lot of Casa Latina. Those two parked vans represent that there's no work. If there was work those vans would not be parked there; they would be taking workers to different places. But right now they are parked, which is sad. It means there's not enough work.

———

Éste es el estacionamiento aquí en Casa Latina. Esas dos camionetas estacionadas quieren decir que no hay trabajo. Si hubiera trabajo no estarían paradas allí, estarían llevando trabajadores a diferentes sitios de trabajo. Pero ahora están paradas, lo cual es triste porque quiere decir que no hay suficiente trabajo.

PHOTO: JIMMY

'PEDRO INFANTE'

If you want, I will go wash dishes at your house. You will pay me, right? Or bathe your dog, whatever . . . It's work. I work when I am paid. I think we all work for money, right?

———

Si quieres, yo voy a tu casa y lavo los platos. Me pagas, ¿verdad? O baño tu perro, lo que sea. Es trabajo. Yo trabajo cuando me pagan. Creo que todos trabajamos por dinero, ¿verdad?

PHOTO: R. GÓMEZ

PHOTO: CARLOS

CARLOS

A good employer is somebody who gets interested in what you can do, they pay you and they like what you do. I do landscaping and I know how to do things with rocks and patios; I've learnt all that here in Seattle.

Here at Casa Latina I find new friends and I get jobs. They treat we well and I treat them well.

———

Un buen patrón es alguien que se interesa por lo que puedes hacer, te paga, y le gusta lo que haces. Yo hago trabajo de jardín y sé cómo hacer patios y cosas con piedras. Todo esto lo he aprendido aquí en Seattle.

Aquí en Casa Latina encuentro nuevos amigos, y consigo trabajos. Me tratan bien y yo los trato bien también.

PHOTO: JIMMY

JIMMY

They will ask you what do you know how to do, and if you can use the machinery he will hire you to do that work. And if you produce then he will hire you again and he will pay you. If you don't produce, then, well that employer will say, "OK, have a good day, bye bye," and they will not call you again.

———

Te preguntan qué es lo que sabes hacer, y si puedes usar la maquinaria, y te contratan para hacer el trabajo. Si produces bien te contratan otra vez y te pagan. Si no produces, pues entonces te dicen "Bye bye" y no te llaman otra vez.

LIFE IN THE TERRITORY

Cali & Bahía Málaga, Colombia

PHOTO: L. ZÚÑIGA

PHOTO: R. GÓMEZ

HOOVERT *(Bahía Málaga)*

A "Labriego" is a native person from the territory who does his traditional production practice, he collects the harvest he has planted, he gets plantains and bananas, and if his condition does not allow him to have a little engine, he will do with his canalete (paddle).

Un labriego es un nativo del territorio colectivo haciendo su práctica tradicional de producción que es recoger la cosecha que se tenga, se va por su plátano y si su condición no le permite tener un motorcito, lo hace con su canalete.

PORFIRIO *(Bahía Málaga)*

When I was younger my life was about fishing. I used to fish with "atarraya," "trasmayo," "espinel" and hooks, then I left the fishing and I start cutting wood, but I have not been cutting wood all my life. I used to commercialize fish before that.

———

Yo cuando estaba más joven mi vida era pescar, pescaba con atarraya, con trasmallo, con espinel, con los anzuelos, ya fue después que dejé la pesca que me puse a cortar madera, pero no todo en la vida ha sido cortar madera. Yo comercializaba pescado.

PHOTO: N. ESCOBAR

PORFIRIO *(Bahía Málaga)*

We have lived here from wood cutting,
but it was very controlled, because when we
see a big tree we can cut it down, when is a
small one we cannot. That is what we call
"thinning," we take the big trees and let the
small ones grow. Then we declared some
areas as conservation zones and we don't cut
wood there at all.

———

*Nosotros aquí hemos vivido cortando madera pero
ha sido muy controlada, porque nosotros cuando
vemos un árbol grande podemos talarlo, cuando está
muy pequeño no. A eso le llamamos "entre saques,"
sacamos el grande y vamos dejando el pequeño.
Luego, por medio de la CVC declaramos unas áreas
como zona de conservación.*

I cut this wood. This wood is to build a
house, I am going to make a cut called
"mare." For the house I cut the finest
timber, I have to know which is the finest
timber.

———

*Estas maderas sí las corté yo. Esta madera es para
una casa, se le va a hacer un corte llamado "mare."
Uno para la casa corta la madera más fina, uno debe
conocer cuál es la madera más fuerte.*

PHOTOS: PORFIRIO

FANNY *(Bahía Málaga)*

This guy lives from agriculture, he grows plantains and "chontaduro" and other produce to eat, that is his sustenance. He used to cut wood but now that land is a protected area, so wood cutting is not allowed. He said he is one of the settlers, but even though he arrived here more than 25 years ago, he arrived to a place with land that had already been broken, from the Valencia family.

———————

Él vive de la siembra, plátano y chontaduro, pancoger, ese es su sustento. Antes él cortaba madera pero como ahora es un parque, entonces el corte de madera es un problema. Él dice que fue fundador, pero él hace un tiempo llegó; ya tiene más de 25 años, él llegó a un lugar que ya era trabajado, de una familia Valencia.

PHOTO: R. GÓMEZ

PHOTO: N. ESCOBAR

FANNY *(Bahía Málaga)*

The Piangüa Route started as an alternative source of income. In the beginning people were buying piangüa to export to Ecuador. We started to look for a better solution, to open new paths in this business by ourselves, to make it our source of income. Then some people came here, they wanted to know how we harvest the piangüa, what the job looked like, and that is how we started it as an ecotourism activity.

PHOTO: L. ZÚÑIGA

La ruta de la piangüa surge como una economia alternativa, aquí al principio empezaron a comprar la piangüa para llevarla para el Ecuador. Empezamos a trabajar en una idea mejor, pensada desde nosotros mismos para abrirnos un camino en este negocio, de hacerla nuestro medio de ingreso. Algunas personas vinieron y querían saber como se saca la piangüa, cómo era el trabajo.

FERNEY *(Bahía Málaga)*

This is the "Piangüímetro." The Piangüa Route is an ecotourism destination, created and built by the women in the Bahía Málaga territories. It is a strategy to help improve the quality of life in the communities, to increase awareness of the environment, and to help preserve our natural resources by measuring the minimum size of shells that can be harvested.

PHOTO: S. VANNINI

PHOTO: L. ZÚÑIGA

La ruta de la piangüa, es un destino ecoturístico, trabajado y construido desde las mujeres concheras del territorio de Bahía Málaga. Es una estrategia para mejorar calidad de vida de las comunidades, y conservar el recurso, generando conciencia ambiental, verificando la talla mínima de captura.

PHOTO: L. ZÚÑIGA

HOOVERT *(Bahía Málaga)*

We had a clear idea of the economic model we wanted from the very beginning, and how it would include the black people with low literacy and education. Staying in our territory and building the future of well-being that we dream of is important, because we know we are not welcome elsewhere. We go to the city and women end up in bedrooms and kitchens, men in construction; or in the past people would go North, in the '80s and '90s. People would go as stowaways to the U.S., or more recently, to Central and South America. That is why we build our future here in our territory.

———

Desde el momento cero de arrancar ya teníamos una valoración del modelo y cómo éste asimilaba al negro, pobre y con bajo nivel educativo. Entonces mantenerse en el territorio y construir desde el territorio el bienestar que soñamos, es también porque tenemos claro que allá en la ciudad no somos bienvenidos, si sos mujer vas para la cocina o para la alcoba, si sos hombre vas a batir cemento o construcción y si te aburrías te ibas para el norte, que fue lo duro entre los años 80 y 90. A muchas personas provenientes de la zona rural, que estaban tratando de incursionar en Buenaventura, se les acabó Puertos de Colombia y entonces al barco, la caleta y pal norte. Pero ahora no es para allá, sino para el sur o para Centro América.

PHOTOS: S. VANNINI

DAVID *(Siloé)*

The cable car will be a way of transport for the community, and for the whole city. It will attract tourism, foreigners like you too, they won't need to walk all the way up here but come on the cable car. This will bring more investment in the community and in the territory, it will be a positive thing. Today's Siloé will change and today's Cali will change when the cable car starts operation.

El cable aéreo va a ser un espacio de transporte de la gente de la ciudad, y la misma gente de aquí de la comunidad que va a subir acá. Se va a volver muy turístico, y es una obra física que va a terminar atrayendo la gente, extranjeros como tú que van caminando o que andan con nosotros acá, a lo mejor no van a tener la necesidad de caminar, sino que se montan allá, y van a hacer turismo aéreo. O sea que hay mucha gente que nos va a mirar, eso va a obligar a la comunidad, a organizaciones comunitarias, y sobre todo el Estado y la empresa privada a que inviertan en el territorio, eso va a ser un mecanismo positivo, que nos tiene que poner a la palestra de la ciudad, va a cambiar el Siloé de hoy, después de que comience a funcionar, y la ciudad también.

MARCO ANTONIO *(Buenavista)*

A lot of people from my community live from recycling. Whoever doesn't have a job goes out specific days to recycle. This is an additional income for the family.

———

Gran parte de mi comunidad vive de eso, del reciclaje. Aquí los que no tienen empleo, jóvenes, jovencitas, hombre, mujer o mayores, salen en las mañanas, ellos tienen días especiales en los que salen a reciclar. Esto es un ingreso más para el sustento de la casa, esta es la otra entrada de ellos . . .

PHOTO: R. GÓMEZ

MARCO ANTONIO *(Buenavista)*

I feel happy beacuse I know I've got something to sell. When I need money, I know by recycling I've got something to sell. Any cash you get for your products is useful. It's sad because the government is going to make this illegal.

———

Me siento feliz porque sé que tengo algo para vender. Cuando necesito dinero sé que al reciclar tengo algo qué vender.

PHOTOS: R. GÓMEZ

PHOTO: D. GÓMEZ

DAVID *(Siloé)*

People must not ask for things for themselves, do you understand me? First, for everybody else. You are asking me, not directly but I can tell: "What do I live from?" When I can tell people have that question I say: "Ask me the question!" So people offer me dollars or colombian pesos, and I tell them: "Thank you, but we are not going to make money in the name of Siloé." We are not going to make money in the name of the misery, violence and other problems of Siloé.

———

Es que primero uno no debe pedir para uno ¿si me entiende? Primero es para los demás. La pregunta tuya, que no me la haces de frente, pero vi la intención, bueno y entonces ¿yo de que vivo? Inclusive hay gente que me queda mirando, y yo les digo hágame la pregunta. Y entonces, van sacando dólares o plata colombiana, y yo les digo "muchas gracias, muy amables pero esto no tiene costo porque a nombre de Siloé no vamos a conseguir dinero", a nombre de la miseria, la violencia y los problemas de Siloé, yo no me voy a lucrar de eso.

PHOTO: D. GÓMEZ

PHOTO: S. VANNINI

DAVID *(Siloé)*

We brought the electricity here. We paid to have the connections made, and we brought the posts and all. This is great work for youth to get organized. There have been problems but we were able to build and it is good. There are also some youth who do drugs, others cause trouble, but overall they all respect this space for the children, they help to build with the community, with the elders. Because Siloé only has 11 square cm per inhabita nt of public space.

———

Nosotros mismos la subimos. La energía, nosotros pagamos para que nos hicieran las conexiones y todo, los postes los subimos acá. Este es un ejercicio buenísimo con jóvenes que se han organizado, también hay problemas, pero han logrado construir y es homogéneo. Entonces, aquí hay pelados que consumen algunos, otros son medio cansones, pero todos llegan a un momento en que respetan este espacio para los niños, construyen con la comunidad, los abuelos. Porque Siloé solamente tiene 11 cm de espacio público por habitante.

PHOTO: R. GÓMEZ

PHOTO: L. ZÚÑIGA

FERNEY *(Bahía Málaga)*

There has been a historical process, we understand that outside our territory there is unfair competition, we attack each other, the capitalist model absorbs us and we end up slaves of the model in the city. So, what I analyzed was that, to see how with the Community Council we can help improve the quality of life and the well-being of the community.

Digamos que ha sido un proceso histórico, de mostrar que fuera del territorio hay una competencia muy desleal, nos tiramos el uno al otro, el modelo capitalista nos absorbe y terminamos siendo esclavos del mismo modelo en la ciudad. Entonces, lo que yo analizaba era eso, ver cómo a través del proceso organizativo, originado hace 17 años, llamado consejo comunitario, ver cómo nosotros a través de esa figura, cada día podemos mejorar la calidad de vida y el bienestar social de la comunidad.

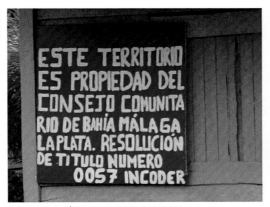 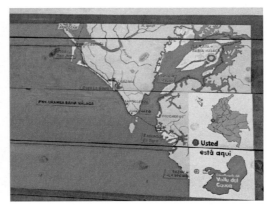

LEFT PHOTO: R. GÓMEZ; RIGHT PHOTO N. ESCOBAR

PHOTO: L. ZÚÑIGA

HOOVERT *(Bahía Málaga)*

The preservation of the territory is our main job. From 1998 to 2010 we have created 3 categories of reserve here: the natural regional park, composed of 25,000 hectares, with the CVC taking care of it. Second, a full management district with 7,703 hectares. Thirdly, we have the national natural marine park "Uramba Bahía Málaga." There is no other national park in Colombia that works for the preservation of people and their culture. This is the only park that has something like that.

Para el malagueño la conservación del territorio es determinante. Y desde el 98 al 2010, hemos logrado crear un mosaico de conservación compuesto de 3 categorías, ahí tenemos: el parque regional natural constituido por 25.000 hectáreas y está al cuidado de la CVC. Al fondo tenemos un distrito de manejo integrado, con un área de 7.703 hectáreas. A esto se le suma el parque nacional natural marino Uramba Bahía Málaga. En Colombia no hay un parque que tenga como objeto de conservación a la gente y su cultura, éste sí lo tiene.

LIFE AT THE BORDER

Nogales, Mexico

PHOTOS: ARMANDO

MARIANA

I get up at 6 am, and I get the kids ready to go to school, and then my work starts at 7. I cook for the migrants who come to the Comedor. Sometimes it's eggs with chili, or zucchinis, rice, beans, whatever there is to make, because everything here is from donations.

I do this with love because everybody who comes here after being deported reminds me of when I got here after being deported. I was one of them. I was and I still am a migrant here in Nogales, but I'm now established here. We now live here and work at the Comedor.

Yo me levanto a las 6 de la mañana y alisto a los niños para ir a la escuela. Después mi trabajo empieza a las 7. Cocino para los migrantes que vienen al Comedor. A veces es huevos con chile, o calabacines, o arroz y frijoles, lo que haya, porque todo es de donaciones que se reciben.

Yo hago esto con amor porque todos los que llegan aquí después de ser deportados me recuerdan de cuando yo llegué aquí después de ser deportada. Yo era uno de ellos. Yo fui, y todavía soy migrante aquí en Nogales, pero ahora estoy instalada aquí. Ahora vivimos y trabajamos aquí en El Comedor.

PHOTO: MARIANA

ARMANDO

My work starts at 8 in the morning. I sweep the floor, and sweep the sidewalk in front, so that this place is clean and with dignity, so that the migrants can come and be happy here when they enter the Comedor. I'm the one who does the maintenance, the painting, I clean the toilets, I fix the bathrooms. I like my job. All I want is safety for the migrants here.

Here I'm guarding the door. This is my job. It feels really good, I'm in charge of the door to keep this a safe place for the migrants. Saying no to somebody who is not a migrant, denying them food, feels really bad. It's hard for me to deny entry to somebody because I've been in that line. I know what it is to need food.

PHOTOS: MARIANA

Mi trabajo comienza a las 8 de la mañana. Yo barro el piso, barro el andén al frente, para que este sitio esté limpio y con dignidad, para que los migrantes puedan venir y estar felices cuando entran al Comedor. Yo soy el que hace el mantenimiento, la pintura, limpio los inodoros, arreglo los baños. Me gusta mi trabajo. Lo único que quiero es seguridad para los migrantes aquí.

Aquí estoy cuidando la puerta. Es mi trabajo. Se siente muy bien, estoy a cargo de la puerta para mantener este sitio seguro para los migrantes. Decirle que no a alguien que no es migrante, negarles la comida, se siente muy mal. Es difícil para mi negarle la entrada a alguien porque yo he estado en esa fila. Yo se lo que es necesitar la comida.

PHOTO: CATRACHO

2.4: WORK: LIVELIHOOD AND PRIDE

CHIAPAS

I'll keep on trying two or three times,
and if I cannot make it and will try
to find a job here, because in my state,
things are really bad. I want to find
a place where I can have a job with
dignity and not get into trouble.
I want to save more, so I can have
more money. Maybe have a family.

———————

*Yo voy a seguir intentando unas dos o tres veces, y
si no lo logro pues voy a tratar de encontrar trabajo
aquí, porque en mi estado las cosas están muy mal.
Yo quiero encontrar un lugar donde pueda tener un
trabajo con dignidad y no meterme en problemas.
Quiero ahorrar más para tener más dinero, y de
pronto una familia.*

2.5

Family and friends are central

La familia y los amigos son centrales

LOURDES

Here in Casa Latina, our main purpose is to work. However, we are not alone because we are in this together. We come from different countries, different cultures, different places. For the past 20 years, I have lived in Seattle, but this is the first time I feel in a family. We are able to laugh, cry and tell each other things. Honestly, I thought I had a unique story because I am a victim of domestic violence. However, I have learned that there are others who have lived longer and dealt with worst. After seeing their strength, I do not think of being unique, but rather special.

———

Aquí en Casa Latina, nuestro objetivo principal es trabajar. Sin embargo, no estamos solas, estamos juntas en esto. Venimos de diferentes países, diferentes culturas, diferentes lugares, y aquí seguimos juntas. Durante los últimos 20 años he vivido en Seattle, pero esta es la primera vez que me siento en una familia. Somos capaces de reír, llorar y decirle a cada uno otras cosas. Honestamente, pensé que tenía una historia única porque soy una víctima de la violencia doméstica. Sin embargo, he aprendido que hay otras personas que han vivido más tiempo y tratados peor. Después de ver su fuerza, no creo que de ser única, sino más bien especial.

FAMILY AND FRIENDS
ARE CENTRAL

The role that family plays in the life of Fotohistorias participants is central. Ensuring their children and families a better future is, often, the main reason why migrants decide to leave their home countries and face the journey and difficulties of life in a foreign country.

Often, family is also migrants' driver to carry on. When in the US, the relation with their family of origins is maintained, and participants make many efforts to send them remittances, communicate with them and make them part of their lives. At times, being away from family can be painful, especially when participants are unsure whether and when they will be reunited with them.

In the life of a migrant, family is often an extended concept: other people in their community become part of a larger concept of family. Related by similar situations, passing through the same difficulties and sharing the same experiences, participants connect with other people and create very strong bonds with them.

LA FAMILIA Y LOS AMIGOS SON CENTRALES

El papel que juega la familia en la vida de los y las participantes de Fotohistorias es central. La búsqueda de un futuro mejor para los hijos y familiares es con frecuencia la razón principal por la que los migrantes deciden irse de su lugar de origen, y enfrentar le viaje y las dificultades de la vida diaria en un país lejano.

Con frecuencia, la familia es también la que impulsa a los migrantes a seguir adelante. Cuando están en los EEUU, la relación con la familia en el país de origen casi siempre se mantiene, y los participantes hacen muchos esfuerzos para enviar remesas de dinero, comunicarse con ellos, y hacerles parte activa de sus vidas. A veces el estar lejos es doloroso, especialmente cuando no se sabe si van a reunirse otra vez, o cuándo.

En la vida del migrante la familia es con frecuencia un concepto que se extiende a otros en la comunidad, todos se hacen parte de una gran familia. Viven situaciones similares, pasan por dificultades parecidas, y comparten las mismas experiencias. Los participantes en Fotohistorias se conectan con otros y forman lazos muy estrechos con ellos y ellas.

IIIIIII

LIFE AT THE BORDER

Nogales, Mexico

PHOTO: LUPE

LUPE

This bus has a superhero drawn on it. When I saw it, I thought of my son. When you are a kid, you believe in superheroes and everything they do. I was thinking that we have to be strong, because superheroes don't exist. They don't exist. We are on our own. We have to have our own goals. My own goal is to be with my kids. If I were a superhero, I would go flying all the way to my kids, but I can't. That's why I took the picture, because of that superhero.

Este bus tiene un superhéroe pintado en él. Cuando lo vi pensé en mi hijo. Cuando eres chico crees en los superhéroes y en lo que hacen. Pensé que tengo que ser fuerte porque los superhéroes no existen. Estamos solos, por nuestra cuenta. Tenemos nuestros propios objetivos. Mi meta es estar con mis hijos. Si fuera un superhéroe me iría volando hasta mis hijos. Pero no puedo. Por eso es que tomé esa foto, por el superhéroe.

LUPE

There are too many deaths, too many people dying, women being raped, both by the coyotes and by the mafia. Some border patrol officers are good and some not so good. But this I can understand, we are coming into the country illegally. But all we want is to work. I want to work for my kids, to give my children a better life. Mexico is too difficult.

—————

Hay demasiadas muertes, demasiadas personas muriendo, demasiadas mujeres violadas, tanto por los coyotes como por las mafias. Algunos oficiales de la migra son buenos, otros no tan buenos. Pero esto lo puedo entender porque estamos entrando al país ilegalmente. Pero todo lo que queremos es trabajar. Yo solo quiero trabajar para darle a mis hijos una vida mejor. México es muy difícil.

PHOTO: R. GÓMEZ

CATRACHO

I'm here waiting to cross to the other side just for a better future for myself. I'm not married or anything, but maybe one day I will. So I want to find a good job and something stable so that I can give something better for my family.

Aquí estoy esperando cruzar al otro lado, sólo por un futuro mejor para mi. No soy casado ni nada, pero tal vez un día sí me case, así que quiero encontrar un buen trabajo, algo estable, para que le pueda dar algo a mi familia.

PHOTOS: R. GÓMEZ

CHINO

Well, maybe it could be about 5 years from now, with the future of my kids and my family assured, I could be coming back and give them their studies, all the way to college if possible, and then they can work on their own.

Cuando regrese de repente podría ser dentro de unos 5 años, ya con el futuro de mis hijos y de mi familia, poder apoyarles en lo que les pueda dar, los estudios, hasta que se gradúen y puedan defenderse solos.

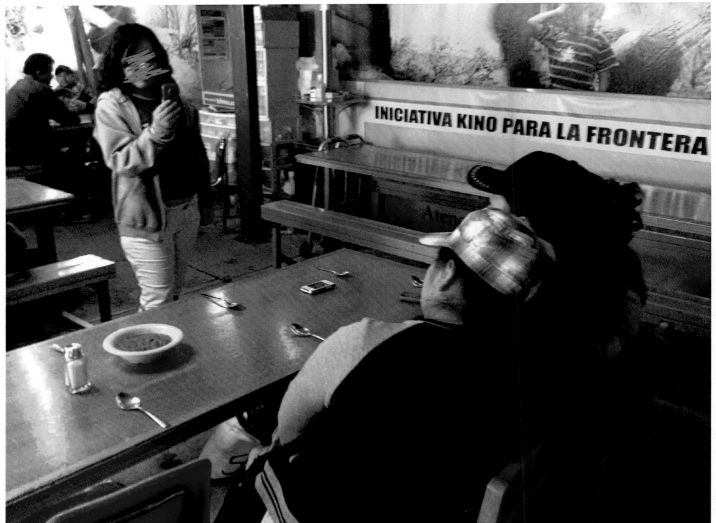

PHOTO: R. GÓMEZ

LUPE

These are my friends. Since we are all Mexicans we support each other, even though we don't know each other well. We know we are in the same boat, we have the same goals. This one I know has her children in the U.S. and she's trying to cross because of them. We are women and we are mothers and we are Mexican, and that unites us. I was really happy to be able to take a picture for them and to see their smile, after all these terrible things that we've been going through.

PHOTO: LUPE

Éstas son mis amigas. Como somos todas mejicanas nos apoyamos mutuamente, aun cuando no nos conocemos bien. Estamos en el mismo barco, tenemos los mismos objetivos. Ésta yo se que también tiene a sus hijos en los Estados y está tratando de cruzar por ellos. Somos mujeres y somos madres y somos mejicanas, y eso nos une. Yo estaba feliz de tomar una foto de ellas y verlas sonreir, después de todas las cosas terribles que hemos vivido.

ARMANDO

Mariana makes lunch for us so we all sit down
and have lunch together. That's the best thing. Even
if it's only beans, but we are together.

———

Mariana nos prepara el almuerzo y nos sentamos todos a comer juntos.
Eso es lo mejor. Aún si es solo frijoles, pero estamos juntos.

PHOTO: ARMANDO

2.5: FAMILY AND FRIENDS ARE CENTRAL

These are my kids. This is when they leave school. It's not very far.

Estos son mis hijos. Aquí están saliendo de la escuela. No es muy lejos.

That's the three of them with their backpacks heading home.

Aquí están los tres con sus mochilas camino a casa.

Thanks to our work we can rent an apartment here, that is our home.

Gracias al trabajo podemos rentar este departamento. Es nuestra casa.

Those are my three kids sitting at the table having lunch.

Estos son mis tres hijos sentados a la mesa para comer.

This is my daughter doing homework. She prepares a dance performance.

Ésta es mi hija haciendo tareas. Va a hacer una presentación de danza.

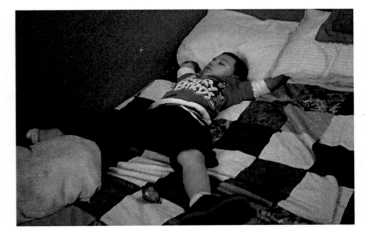

This is my young one taking a nap.

Éste es el menor tomando una siesta.

PHOTOS: ARMANDO

LUPE

These are the daughters of this woman from Honduras. She came to the shelter yesterday. The girls are the same age as my daughters. This one is six and the other one is ten. They remind me of my daughters. I'm just thinking of my daughters.

————

Éstas son las hijas de una mujer de Honduras. Llegó al albergue ayer. Las niñas tienen la misma edad de mis hijas. Ésta tiene seis y la otra diez. Me recuerdan de mis hijas. Sólo estoy pensando en mis hijas.

PHOTO: LUPE

MARIANA

Sometimes they would give me work and I would clean their house and they would give me a bit of money. I would not buy anything for me. It would be all money I sent for my kids.

————

A veces me daban trabajo y yo les limpiaba la casa y me daban un poquito de dinero. Yo no compraba nada para mi, todo era dinero que enviaba para mis hijos.

PHOTO: ARMANDO

CHAPIN

This is where I woke up. It's good to know that God gave me a new day. Each time when I wake up I thank God for giving me a new day. I wake up and open my eyes, and move my arms and legs. And there's other people who can't. There's other people who die. So every day when I wake up and I look around I say, thank you, Father, for giving me a new day.

PHOTO: CHAPIN

Aquí es donde me desperté. Es bueno saber que Dios me da un nuevo día. Cada día cuando despierto le doy gracias a Dios por darme un nuevo día. Me despierto abro los ojos, muevo mis brazos y mis piernas. Hay otras personas que no pueden, hay otros que se mueren. Así que cada día despierto, miro alrededor, y digo gracias, Padre, por darme un nuevo día.

LIFE IN THE NORTH

Seattle, Washington

BLAS

This is a picture I have in my wallet. She is my daughter. She is the only one I have a picture of and I always carry it in my wallet. I have two more daughters. When I'm sad I will pull out the picture and I look at it, and then I get calmer. I call them and we talk, I tell them "I'm OK, it's all good here." They are in California now and they give me the strength to keep on struggling to move forward to improve my life. I send them money for school and for their shoes when I can. I wish I had more to send them more. Right now I live with some friends in an apartment but when I first got here it was not very easy, I was living on the streets. And my kids would ask me, "So where are you living?" And say, "I'm living in an apartment," because I would not tell them I was living on the streets.

Ésta es una foto que tengo en mi billetera. Es mi hija. Es la única de la que tengo una foto, y siempre la cargo en mi billetera. Tengo otras dos hijas, y cuando estoy triste saco esta foto y la miro, y me calmo. Las llamo y hablamos. Les digo que aquí estoy bien, que todo está bien aquí. Ellas están en California, y me dan fuerza para seguir luchando para salir adelante y mejorar mi vida. Yo les mando dinero para la escuela y para los zapatos cuando puedo. Quisiera tener más para mandarles. Ahora vivo con algunos amigos en un apartamento pero cuando primero llegué aquí no era nada fácil, vivía en las calles. Mis hijas me preguntaban: "¿Dónde estás viviendo?" Y yo les decía: "Vivo en un apartamento", porque no les quería decir que vivía en la calle.

PHOTO: BLAS

PHOTO: GILDA

GILDA

This is my nephew. In 2012, I lost a baby. During this time, my sister was pregnant and she had her baby. In my family, I am the only one who didn't have kids. When this child was born, I identified myself with him. He has the most tender hug that I have ever felt. That is why I brought this picture . . . because he is part of me.

Éste es mi sobrino. En el 2012 perdí un bebé. Durante este tiempo mi hermana estaba embarazada y tuvo su bebé. En mi familia yo soy la única que no ha tenido hijos. Cuando nació este niño, me identifico mucho con él. Tiene el abrazo más tierno que he sentido en la vida. Por eso he traído esta foto, porque él es parte de mí.

PHOTO: GILDA

GILDA

I saw she had a walking cane and she reminded me of my mom because my mom is now 77. My mom is at the age where she needs to be taken care of. I felt I wanted to hug my mom and have her nearby. Also, I remembered that when I brought her to Seattle, I took her on walks.

———

Vi a esta mujer caminando con un bastón y mer recordó a mi mamá, que tiene ahora 77 años. Mi mamá está en una edad en que necesita que la cuiden. Sentí que quería abrazar a mi mamá y tenerla cerca. También recordé cuando la traje aquí a Seattle, la sacaba a caminar.

2.5: FAMILY AND FRIENDS ARE CENTRAL

MARIA

Well that is me, but that was many years ago . . . So many that the photo is even blurred. I appreciate my time, my life, the way that I have lived it. Even though I am a single mother, I have lived my life with my children, which are the most important thing for me, and for most moms, I think. Our children are most important. I was pregnant in that picture with one of my children. I really like that picture. I love myself — if I don't love myself, who will love me?

———

Esa soy yo, pero ya hace muchos años. . . tantos que ya está medio borrosa, mi foto. Yo agradezco mi tiempo, mi vida, como la he vivido, aunque soy madre soltera, pero yo vivo mi vida con mis hijos que es lo más importante para mí, para casi toda madre, creo yo. Nuestro hijos son lo más importante. . . pues sí, ahí estaba yo embarazada en esa foto con otro de mis hijos y. . . Pues sí, me gusta mucho esa foto. Me quiero a mí misma, Si no me quiero yo misma, ¿quién me a querer?

PHOTO: MARIA

PHOTO: SALOMÓN

SALOMÓN

That is a prayer that is said before the meeting, so it's part of a church where we get together. We all have a family, but I don't have a family. They all have their families and we get together every two weeks to talk, to share, what we're living, what we're going through, how we're feeling, how the family is doing and to ask God for help to keep on moving forward. I have three kids and then I got a divorce. I don't have any family in Seattle. Or in the U.S.

Ésta es una oración que se dice al comenzar cada reunión, es parte de una iglesia en la que nos reunimos. Todos tienen familia, pero yo no tengo familia. Todos tienen sus familias y nos reunimos cada dos semanas a conversar, a compartir lo que estamos viviendo, lo que estamos pasando, cómo nos estamos sintiendo, cómo va la familia... y a pedirle a Dios ayuda para seguir adelante. Yo tengo tres hijos pero me divorcié, y no tengo familia en Seattle o en los Estados.

PHOTO: GILDA

GILDA

For the past 2 years, I have been going to this church. Before I finally went, I heard a lot about this church. Once I discovered it, I was attracted by the many migrants that go there. I go there to meet other people, so I can become involved in the community. One thing is to work, while another thing is the congregation. Also, it is so the church takes me into consideration within the community.

En los últimos dos años, he estado yendo a esta iglesia. Antes de ir escuché mucho acerca de esta iglesia. Cuando la descubrí, me sentí atraída porque muchos inmigrantes van allí. Voy allí para conocer a otras personas, y por lo que puedo participar en la comunidad. Una cosa es el trabajo, mientras que otra cosa es la congregación. También es para que la iglesia me tome en cuenta como parte de la comunidad.

PHOTO: PEDRO

PEDRO

This picture reminds me of a woman I had when I lived in California, until we broke up. I've been here a few years and I'm still alone, but I'm thinking of maybe making a home again with somebody. But it's not easy, especially for us here because it's expensive. It is especially hard in the winter, when there is not a lot of work. You have to pay rent, and you have to pay for food and utilities, electricity and gas, and the phone.

Esta foto me recuerda de una mujer que tuve antes en California hasta que nos separamos. He estado aquí ya varios años y todavía estoy solo, pero estoy pensando, pensando en tal vez hacer un hogar otra vez con alguien. Pero no es fácil, especialmente para nosotros aquí porque es muy caro. Hay que pagar estoy y aquello, y especialmente en invierno, el trabajo es tan lento y hay tan poco trabajo. Entonces de dónde voy a sacar el dinero para pagar esto y lo otro. Puedo ahorrar un poco, pero no suficiente. Tienes que pagar la renta, y tienes que pagar comida, y tienes que pagar servicios públicos, la electricidad y el gas, y el teléfono.

PHOTO: JORGE

JORGE

It's another friend here at Casa Latina, he's been here a bit longer than me, and he's one of the first persons I met here in Seattle about 10 years ago. And we both lead the same lifestyle, we don't have family, we're independent. Sometimes we are lucky and we can pay rent, other times we have to go to the shelters and we both have the same lifestyle. When I was in Chicago, I had a strong addiction to drugs. We're talking about almost 10 years ago. . . and it was very hard, with no family or anything. So you go through a lot when you're alone in this country.

Estos son otros compañeros aquí en Casa Latina.
Él ha estado aquí un poco más que yo, y fue una de las primeras personas que conocí aquí en Seattle hace como 10 años. Llevamos el mismo estilo de vida. No tenemos familia, somos independientes. A veces nos toca la suerte de que podemos pagar renta, pero a veces nos toca vivir en los albergues porque no tenemos dinero. Cuando vivía Chicago, hace unos 10 años, tuve una fuerte adición a las drogas. Fue muy duro, sin familia ni nada. Pues pasas por muchas cosas difíciles cuando estas solo en este país.

PHOTO: CARLOS

CARLOS

This is a Cuban guy who takes the bus and goes downtown. He works on the ships. And so, I see him in the street a lot . . .

So, why did you want to take a picture of him?

Well, because he is Latino as well, and also because we speak Spanish. These are people that I know, and they are my friends. I have many friends around the city.

Éste es un cubano que toma el bus y va al centro. Trabaja en los barcos. Lo veo mucho en la calle.

¿Y por qué le tomaste una foto?

Bueno, porque es latino también, y también porque hablamos español. Estas son personas que conozco, que son mis amigos. Tengo muchos amigos alrededor de la ciudad.

PHOTO: LOURDES

PHOTO: PEDRO

LOURDES

This is a picture of this family's place. They came here as poor migrants. This woman was looking for a job such as cleaning houses, and doing any other labor work. Also, her husband is very humble too. They both came from Mexico. He dreams of doing something where he can see his kids, where he can feed his kids, and where he can do what he loves, which is commerce.

———

Ésta es una foto del negocio de esta familia. Vinieron aquí como migrantes pobres. La mujer buscaba trabajo limpiando casas y otros trabajos manuales. Su esposo es muy humilde también. Ambos vinieron de México. Él sueña con hacer algo en lo que pueda ver a sus hijos, donde pueda alimentar a sus hijos, y donde pueda hacer lo que más le gusta que es el comercio.

PEDRO

This is a friend I met at the community college. On that day we went out and we went to have our coffee at Starbucks, and so I took her picture and she's my friend.

———

Ésta es una amiga que conocí en el colegio comunitario. Un día fuimos juntos a tomar un café a Starbuks, y nos tomamos esta foto juntos con mi amiga.

JORGE

This guy I met 3 years ago here. He has his kids in Ciudad Juarez, and if he makes $100, he will send them 90 and he will live with 10. I never see him wasting his money. He prefers to eat where it's free, but his money is sent to Mexico, to his kids. I send money to Mexico but not like him. If I want to buy a pair of shoes I buy them, but he doesn't. He's set in his mind on what he wants for the future. It doesn't mean I don't, but . . . I think if I'm not going to stay here, I need to do the same.

A este hombre lo conocí hace unos tres años aquí. Tiene a sus hijos en Ciudad Juárez, y si gana $100 les manda 90 y se queda con 10. Nunca lo veo gastando dinero. Prefiere comer donde le dan gratis, porque su dinero es para mandar a México, a sus hijos. Yo mando dinero a México pero no como él. Si yo quiero comprarme un par de zapatos los compro, pero él no. Él tiene en su mente qué es lo que quiere para el futuro. No quiero decir que yo no lo tengo claro también, pero creo que si no me voy a quedar aquí tendré que hacer lo mismo.

PHOTO: JORGE

MARIA

Well, I'm from over there . . . but, we're here for many different reasons, some in search of a better life, others we are here for from our families. I have a son that I can't leave. I have him in a hospital due to an accident that he had, so I cannot go and leave him behind. If it was not for that I would have never left my children and my family, but my son was already here in the U.S. and then he had an accident. That is why I am here.

Bueno, yo soy de allá, pero estamos aquí por muchas razones diferentes, algunos en busca de una vida mejor, otros estamos aquí por nuestras familias. Tengo un hijo que no puedo dejar. Lo tengo en un hospital por un accidente que tuvo, y no me puedo ir y dejarlo atrás. Si no fuera por eso yo nunca habría dejado a mis otros hijos y a mi familia. Pero mi hijo ya estaba aquí en los Estados cuando tuvo el accidente. Así que por eso es que estoy aquí.

PHOTO: MARIA

PHOTO: MARIA

MARIA

My daughters were born and raised here. It's a different culture. They don't know their other brothers and sisters who live in Mexico. They say "Yes, yes mom, they are your children and they are over there in Mexico." I say, "Daughter, call your sister," and they say, "Nah, why . . . I really don't know her." Can you believe that? Because some of them don't know them in person, and well, it's difficult for me to convince them.

Mis hijas nacieron y se criaron aquí. Es una cultura diferente. No conocen a sus otros hermanos y hermanas que viven en México. Me dicen: "Sí, sí mamita, son tus hijos y están allá en México, y son nuestros hermanos, pero están bien, gracias a Dios, no te preocupes." Les digo, "hija, llámale a tu hermana," y me dicen, "nah, para qué, ni la conozco." ¿Usted creé? Porque algunos no conocen a todos mis hijos. Y pues, es difícil que yo los pueda convencer.

PHOTO: JORGE

JORGE

These are my friends. There's always going to be a group that we know who are, the ones who come here early. Many of my friends who come here, I learn a lot from them. Many of them, even if they don't know much, like reading or writing, they have very clearly mapped in their minds what they come to accomplish in the United States. They have their families in Guatemala, in Mexico, and I see that every penny that they earn, they save it and they send it. This is the lifestyle they lead. Five, 10 years, but they have in their minds what is it that they are here for.

Estos son mis amigos. Siempre hay un grupo, sabemos quiénes somos, los que venimos aquí a Casa Latina temprano. Aprendo mucho de mis amigos que vienen aquí. Muchos de ellos, aún si no saben mucho, como leer o escribir,
tienen muy claro en susmentes el mapa de lo que quieren lograr aquí en los Estados Unidos. Tienen a sus familias en Guatemala, en México, y yo veo que cada centavo que ganan, lo guardan y lo envían. Ese es el estilo de vida que tienen. Estarán aquí por cinco, diez años, pero tienen en su mente que eso es lo que vinieron a hacer.

2.6

Organizations that help migrants thrive

Organizaciones que ayudan a los migrantes

BEATRIZ

I took this photo because despite the bad things I have experienced here, I also experienced good things. When I first came here I suffered a lot because I didn't know anyone, and it was a difficult situation. But later on there was Vero here at Casa Latina and I learned so much from her. She had so much patience, she treated us with equality, and we felt good. And some of us women have learned to speak English, and this is why I took this photo because for me, it has a little bit of everything.

Tomé esta foto porque a pesar de las cosas muy tristes que he pasado aquí también he pasado algo muy bonito. Cuando recién entré aquí sufrí mucho porque no conocía a nadie, la situación se me hizo muy difícil, pero después llegó Vero a Casa Latina y yo aprendí mucho de ella. Ella tenía mucha paciencia para manejar el grupo, nos trataba a todas por igual, y nos sentíamos bien. Muchas mujeres aprendieron a hablar inglés, y por eso tomé esta foto porque para mí, tiene de todo.

ORGANIZATIONS THAT HELP MIGRANTS THRIVE

Migrants are not alone. Numerous nonprofit and humanitarian organizations work hard to help them. Participants in Fotohistorias reflect on the help and support they receive in the form of food, shelter, safety, learning, etc. Since we were working with service organizations — "El Comedor" by the Kino Border Initiative at the U.S.-Mexico border, and Casa Latina in Seattle — this section includes strong expressions of appreciation by participants for the work of these organizations. But the help and support of other organizations is represented as well, including several church organizations, and in particular Grupo Beta and Centro La Roca in Nogales, and Centro La Raza in Seattle. They also offer migrants a space for connection, nourishment and solace, a place that gives them dignity and hope.

ORGANIZACIONES QUE AYUDAN A LOS MIGRANTES

Los y las migrantes no están solas. Muchas organizaciones humanitarias y sin ánimo de lucro trabajan para ayudarles. Los participantes en Fotohistorias reflexionan sobre la ayuda y el apoyo que reciben en la forma de comida, techo, seguridad, aprendizaje, etc. Dado que estamos trabajando con organizaciones que ayudan — en particular El Comedor de la Iniciativa Kino para la Frontera, y Casa Latina en Seattle — esta sección incluye expresiones fuertes de apoyo y agradecimiento por parte de los participantes hacia el trabajo y ayuda de estas organizaciones. Aparecen también voces de aprecio por otras organizaciones también, incluyendo varias iglesias, el Grupo Beta y el Centro La Roca en Nogales, y el Centro La Raza en Seattle. Éstas también ofrecen a los migrantes espacios de conexión, apoyo, esparcimiento, y ayuda. Son lugares que les dan a los migrantes esperanza y dignidad.

CHINO

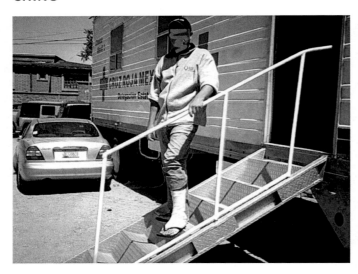

This is a trailer from the Red Cross. That's me coming out of the Red Cross because I was asking for a bandage and pain medication.

Éste es el trailer de la Cruz Roja. Ese soy yo saliendo de la Cruz Roja porque estaba pidiendo una venda y unos calmantes para el dolor.

This is the recreation room [at Grupo Beta] where we can chat and hang out with friends and watch TV.

Ésta es la sala de recreación en el Grupo Beta, donde podemos pasar el rato y conversar con los amigos, y también ver televisión.

This is in la Roca, the shelter where we're sleeping. That is where put out our mattresses and our blankets. There we are. Last night there were only about 12 of us.

Esto es en La Roca, el albergue donde estamos durmiento. Allí es donde ponemos los colchones y las cobijas. Anoche eramos sólo como doce que dormimos allí.

That is an exercise machine that they have there so I can do some exercises for my foot. I'm starting to put more weight on my foot.

Ésta es la máquina de ejercicios que tienen para que yo pueda hacer algunos ejercicios para mi pie. Ya estoy comenzando a poner más peso en mi pie.

This is in front of the bathrooms and we were waiting for the shower. It's really good to have these bathrooms and that we can take a shower.

Esto es frente a los baños, estamos esperando para tomar una ducha. Es muy bueno tener estos baños y poder tomar una ducha.

We're waiting for these brothers from church, they bring us soup at noon . . . It feels good because we get a lot of people supporting us.

Estamos esperando a estos hermanos de la iglesia, nos traen sopa a medio día . . . se siente bien porque hay muchas personas que nos están apoyando.

PHOTOS ABOVE: R. GÓMEZ

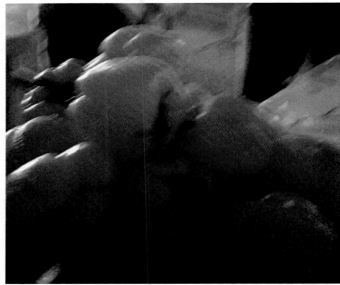

PHOTOS: CHAPIN

CHAPIN

So this is my food, my breakfast just before we came in to talk. I'm very thankful for it . . .

————

Ésta es mi comida, mi desayuno, antes de venir a platicar contigo. Estoy muy agradecido por esta comida.

[When I came here] I didn't have anything, I didn't have food, I didn't have any water, nothing. And here, this next one, we're helping to peel some of the yellow peppers. Because I came early and I was helping here in the kitchen. I took the picture because I always like helping.

————

Cuando vine aquí no tenía nada, no tenía comida, no tenía agua, nada. Y aquí, estamos ayudando a pelar unos chiles, chiles amarillos porque yo llegué temprano y me puse a ayudar en la cocina, porque me gusta ayudar, siempre.

PHOTO: CHAPIN

PHOTO: MARIANA

CHAPIN

And here I am with my other friend. I met her here. And I wanted a picture with her because I'm glad to see this person who helps me, and when you think that there's nobody who will help you, there's always people who will help you. If there's a door that closes, you also have another door that opens. There's always somebody willing to help you, and you can help others too.

———

Aquí estoy con mi otra amiga, la conocí aquí. Quería una foto con ella porque me alegra ver a esta persona que me ayuda, y cuando piensas que nadie te va a ayudar siempre hay alguien que te ayuda. Si hay una puerta que se cierra, hay otra puerta que se abre. Siempre hay alguien dispuesto a ayudarte, y uno puede ayudar a los otros también.

ARMANDO

This is another friend, another volunteer from No Mas Muertes, No More Deaths. She comes in and gives phone calls on Saturdays and Sundays.

———

Ésta es otra amiga, una voluntaria de No Más Muertes. Ella viene y ofrece llamadas telefónicas a los migrantes los Sábados y Domingos.

PHOTO: CHIAPAS

PHOTO: CHIAPAS

PHOTO: CHIAPAS

CHIAPAS

The truck of the Beta group gives me hope — it makes me think that if I'm dying of thirst, they bring water and I'll do better. That's why I took a picture of my friend [by the truck] and I asked him to take a picture of me too. So that picture is just showing the hope that there are these organizations that help us and support us. Because we're going through a very difficult time, and they help with water or medications.

PHOTO: CHINO

PHOTO: CHAVALO

PHOTO: CHAVALO

El camión del Grupo Beta me da esperanza. Me hace pensar que si me esoty muriendo de sed, ellos traen agua y voy a estar mejor. Por eso tomé una foto de mi amigo junto al camión, y le pedí que me tomara una foto a mi también. Así que esa foto solo muestra la esperanza que hay en esas organizaciones que nos ayudan y nos apoyan. Porque estamos pasando por un tiempo muy difícil, y nos ayudan con agua o con medicinas.

LIFE IN THE NORTH

Seattle, Washington

PHOTO: SERVANDO

SERVANDO

This church is a shelter that represents a sanctuary for us immigrants. From here, they cannot kick you out. They can kick you out from many places but not from here. It does not matter whether you go or believe in God. However, you always have to bear in mind the commandments and not to sin, or at least sin as little as possible. I go to this church from time to time, but not always. On that day, I went and decided to take the picture.

Esta iglesia es un refugio que representa un santuario para nosotros los migrantes. De aquí no te pueden echar. Te pueden correr de muchas partes, pero de aquí no. No importa si crees en Dios o no. Claro que es mejor tener siempre en cuenta los mandamientos y no pecar, o por lo menos pecar lo menos posible. Yo voy a esta iglesia de vez en cuando, pero no siempre. Ese día fui y decidí tomar esta foto.

PHOTO: SERVANDO

SERVANDO

This is the food that they gave us in the church. In Mexico, the churches give food as well. Although, the churches in the U.S. give more food since we don't have a stable home. It feels like a wheel of fortune. At times, we are up, or we are in the middle or we are down. We cannot forget about our current situation, so the food does not really matter. The most important thing is that it is a place where you cannot be poisoned. Church is our safe place.

Ésta es la comida que nos dieron en la iglesia. En México las iglesias dan comida también. Pero las iglesias en los Estados Unidos dan más comida, por lo que nosotros no tenemos un hogar estable. Se siente como una rueda de la fortuna. A veces estamos arriba, o en la mitad, o abajo. No podemos olvidarnos de nuestra situación actual, así que la comida en realidad no importa tanto. Lo que importa es que la iglesia es un lugar seguro, un lugar donde no te van a envenenar o a hacer daño.

> **"I live there in City Hall, that is where we stay, and where we can sleep. During the day there are people who arrive to work … I don't know what they do, all I know is it is called City Hall. For us, all we do is sleep when we arrive. Sometimes when I make money, I don't visit the shelter. I eat what I want, drink what I want, but when my money is spent, I go to the shelter and I get in line. In Seattle there are many places where they will feed you. But it is food that many don't like. It's not like buying your own food. You know what you like to eat, but there you have to eat what they give you."**

VENTURA

> *Yo vivo allí en la alcaldía, es donde nos quedamos, y donde podemos dormir. Durante el día hay personas que van allí a trabajar, yo no se lo que hacen, sólo se que se llama City Hall. Para nosotros, es el sitio donde dormimos cuando llegamos. Algunas veces, cuando ganamos algún dinero, no voy al albergue. Como lo que quiero, bebo lo que quiero, pero cuando se me acaba el dinero, voy al albergue y me paro en fila. En Seattle hay muchos lugares donde te dan comida, pero es comida que a muchos no nos gusta. No es como cuando compras tu propia comida, que sabes lo que te gusta comer. Allí te toca comer lo que te sirven."*

PHOTO: RAMÓN

RAMÓN

Here in this picture we are in the Centro La Raza, and we are in a program for seniors. When I have a chance I go there and they give us breakfast especially prepared for seniors. They don't give us much meat but mostly veggies and fruits and because according to them it's more adapted to our age. I'm 72 years old, almost 73.

———

Aquí en esta foto estamos en el Centro La Raza, en un programa que tienen para adultos mayores. Cuando tengo oportunidad de ir nos dan desayuno especialmente preparado para adultos mayores, no nos dan mucha carne sino muchos vegetales y frutas, dicen ellos que porque están más adaptados a nuestra edad. Yo tengo 72, casi 73 años.

MARIA

This represents my breakfast, because we come here to Casa Latina and we leave with no work, then we go to this place and we have breakfast, a bowl of oatmeal, some juice, a doughnut, something to start the day with breakfast. We arrive there, we ask for a ticket, and we go have breakfast. They have also told us that we can come during the mid-day and have a meal.

———

Esto representa mi desayuno, porque venimos aquí a Casa Latina y cuando nos vamos sin haber conseguido trabajo, vamos a este lugar y tomamos desayuno. Un tazón de avena, algo de jugo, un donut, algo para comenzar el día con algo de desayuno. Llegamos allí, pedimos un ticket, y vamos a tomar desayuno. También me han dicho que se puede ir a medio día a almorzar.

PHOTO: MARIA

JIMMY

This is a building where people go, it's like a church. You go in there and you can rest, and they have bathrooms, and you can sit there and relax and no one kicks you out. It was really a nice picture because you can see the plate with a clock and below that there is the door, and some people go in and out that door to smoke or to hang out by the door. That's a shelter and that's where people eat.

———

Éste es un edificio donde van las personas, es como una iglesia. Vas allí y puedes descansar, tienen baños, y te puedes sentar y relajarte y nadie te echa para afuera. Fue una buena foto porque se ve el reloj, y abajo está la puerta, y algunas personas van afuera por esa puerta para fumar o para estar por ahí. Ese es un albergue y es donde las personas comen.

PHOTO: JIMMY

JORGE

This is a place where they serve meals every day at one in the afternoon. When there isn't enough work and you only have $10 or $15, sometimes some friends and I go to these places, so, you know, we can keep our $10 or $15 in our pocket. It's simply a big help that they offer people. This is right in downtown Seattle.

———

Éste es un sitio donde sirven comidas todos los días a la una de la tarde. Cuando no hay suficiente trabajo y sólo tienes $10 or $15, a veces voy con algunos amigos a estos lugares, para que podamos guardar los $10 o $15 en el bolsillo. Es una gran ayuda que le dan a la gente. Éste es puro en el centro de Seattle.

PHOTO: JORGE

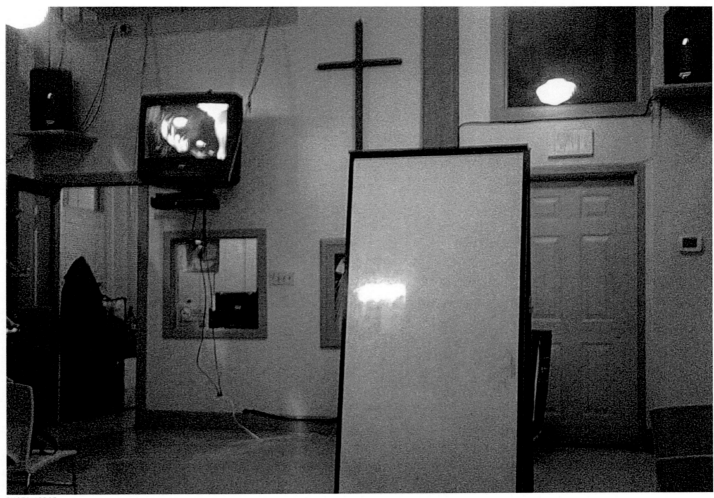

PHOTO: JORGE

JORGE

This place is a church and a shelter. It represents that you have to believe in something. I don't know how to explain it but you have to grab on to something. Some people grab on to their family, or to their job. Some people simply believe that they will do better the next day. I don't always go to church. I go more to talk to people. Having lived here 20 years, you don't just depend on luck. You also have to have a bit of faith. Faith is not bad. It's luck and faith you need. Luck and faith.

Este sitio es una iglesia y un albergue. Representa que tienes que creer en algo. Yo no se cómo explicarlo, pero tienes que agarrarte a algo. Algunas personas se agarran de la familia, o de su trabajo. Otras simplemente creen que les va a ir mejor al siguiente día. Yo no siempre voy a la iglesia. Yo coy más para hablar con personas. Habiendo vivido aquí por 20 años, no sólo dependes de la suerte. Tienes que tener un poquito de fe también. La fe no es mala. Es que necesitas fe y suerte.

SALOMÓN

This is Casa Latina; it's the demonstration, at the march. I see people, workers who get together every day with the purpose of getting a job, but also to contribute, to have the voices of each one of us heard. That it's not just like people think that we are, that we're here to take other people's jobs. No, we want jobs and we want to contribute something.

Esto es en la manifestación, en la marcha. Veo a las personas, trabajadores que se reúnen todos los días con el fin de conseguir trabajo, pero también de contribuir, hacer escuchar las voces de cada uno. No es como otros piensan, que estamos aquí para quitarles el trabajo a otros. No, queremos trabajo y también queremos contribuir algo.

PHOTO: R. GÓMEZ

PEDRO

Casa Latina has been a good connecting place ever since I first came here. They give you a connection with an employer, and if the employer has a lot of work, then it's up to you to maintain the relationship with the employer. I wanted to have another picture at Casa Latina because it is a place where I come to meet new friends, I come to look for work, and we live here as a community.

Este sitio, Casa Latina, ha sido un buen punto para conexiones desde que primero vine aquí. Te dan un contacto con un patrón, y tú tienes que ver cómo son las cosas, si es un patrón que tiene mucho trabajo, pues es cosa tuya mantener la relación con ese patrón. Yo quería tener otra foto de Casa Latina porque es un sitio donde vengo a conocer nuevos amigos. Vengo a buscar trabajo, y vivimos aquí en comunidad.

PHOTO: R. GÓMEZ

JIMMY

Casa Latina is gold for me, because from here I started, and I have also helped myself. I have learned the language, it has given me an understanding of many things that I didn't used to have. I know when somebody new comes here they are helped a lot. At Home Depot it's more difficult because there's no atmosphere (ambiente) and here there is atmosphere, there is love and there is hope. If you're out there at Home Depot, you can be waiting and if it's raining you're getting wet. And here, we're dry. Here it won't rain on you, there's coffee, people are happy.

———

Casa Latina es oro para mí, porque aquí es donde comencé, y también donde me he ayudado a mí mismo. He aprendido la lengua, me ha dejado entender muchas cosas que no tenía antes. Yo sé que cuando alguien nuevo viene aquí le ayudan mucho. En Home Depot es más difícil porque no hay ambiente, y aquí sí hay ambiente, hay amor, y hay esperanza. Si estás allá en Home Depot puedes estar esperando y si llueve te estás mojando. Y aquí estás seco. Aquí no te va a llover, y hay café, las personas están alegras.

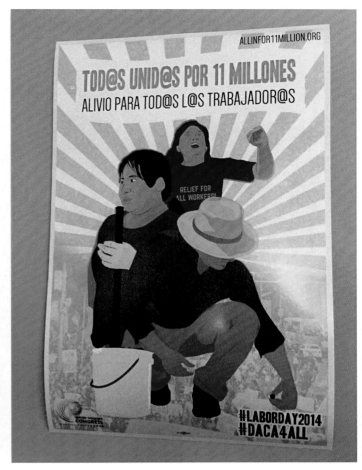

PHOTOS: R. GÓMEZ

CARLOS

Casa Latina helps a lot. They help people who really need it, people who cannot find jobs. They also teach you English. It is a social center to meet people, and there is also work, getting jobs, things you know how to do and you can get a job. We are a big community here in Seattle. There might be many political problems. They have to be really smart to find solutions to these problems. Maybe we don't know what the solution is but somebody really smart needs to find a solution.

———

Casa Latina ayuda mucho. Ayuda a las personas que realmente lo necesitan, los que no pueden encontrar trabajo. También te enseñan clases de inglés. Es un centro social donde conocer personas, y también dónde conseguir trabajo, cosas que sabes hacer y que consigues un trabajo. En Seattle somos una comunidad grande. Hay muchos problemas políticos, y hay que encontrar soluciones. Tal vez no se sabe cual es la solución pero alguien muy inteligente tiene que encontrarla.

PHOTO: RAMÓN

PHOTO: VENTURA

RAMÓN

I think I know almost everybody here at Casa Latina, but if I want to point out the real friends, it's three or four. We all know each other, we all share the space, but each one has their own group. I think you end up going to those with whom there's more trust or where you have more things to share. But I think everybody shares a beer.

———

Yo creo que conozco casi a todo el mundo aquí en Casa Latina, pero si quiero señalar los que son verdaderos amigos, pues son unos tres o cuatro. Todos nos conocemos, compartimos el espacio, pero cada un tiene su grupo. Creo que al final terminas yendo donde hay más confianza o donde tienes más cosas qué compartir. Pero creo que todo el mundo comparte una cerveza.

PHOTO: RAMÓN

PHOTO: VENTURA

RAMÓN

He is preparing the agenda for the assembly at Casa Latina, organizing the topics that will be discussed. When he's done he says, "Does anybody want to comment on the agenda? Do we want to add any other topics?" We discuss many different topics in the assemblies. There's many rules here at Casa Latina and for me that's good because you come here to be at peace, and that's why the rules are there.

Él está preparando la agenda para la asamblea aquí en Casa Latina, organizando los temas que se van a tratar. Cuando termina dice: "¿Alguien quiere comentar la agenda? ¿Alguien quiere añadir algún tema?" Hablamos de muchos temas en las asambleas. Hay muchas reglas aquí en Casa Latina, y para mí eso es bueno porque vienes aquí y hay paz, y por eso es que están las reglas.

PHOTO: "PEDRO INFANTE"

'PEDRO INFANTE'

I took this picture of Ricardo because I know him, he comes here, he helps us. He is a person that I like the way he is, because he gives us a chance to be exposed to many things, you know? Because, we can all learn from each other, and I learned from him how to take photos — it's the first time I take photos.

Tomé esta foto de Ricardo porque lo conozco, él viene aquí, nos ayuda. Es una persona que me gusta cómo es, proque nos da una oportunidad de aprender muchas cosas, ¿sabe? Porque todos podemos aprender unos de otros, y yo aprendí de él cómo tomar fotos. Es la primera vez que tomo fotos.

PHOTO: GILDA

GILDA

The fact that I am part of the same situation is what pushes and motivates me. When there is a woman who approaches and talks to me about her situation. I am with her because of her personal situations as a migrant in the country. I understand her because I'm there too. It is not the same thing being on the other side when fighting for immigrants because in every circumstance, you are in the same situation and for this reason, you will fight more strongly.

El hecho de ser parte de la misma situación es lo que me empuja y me motiva. Cuando hay una mujer que se me acerca y me habla de su situación, yo estoy con ella por sus situaciones personales como migrante en este país. Yo la entiendo porque yo estoy allí también. No es lo mismo estar al otro lado luchando por los inmigrantes porque en toda circunstancia estás en la misma situación, entonces luchas con más fuerza.

SALOMÓN

The work that I am doing contributes to other people's lives. I want others to see people who are not hiding but who can go show themselves. And also struggle and say "Yes we can," and prepare ourselves and work to take different type of actions because just having a job, or two jobs, or three jobs is not enough. You need to develop yourself as a person.

———

El trabajo que yo hago contribuye a la vida de otros. Yo quiero que otros vean que no nos estamos escondiendo, que podemos mostrarnos. Que luchamos y decimos: "Sí se puede" y que nos preparamos y trabajamos para tomar diferentes acciones, porque sólo tener un empleo, o dos o tres empleos, no es suficiente. También hay que desarrollarse como persona.

PHOTO: SALOMÓN

PHOTO: BLAS

BLAS

We went to that march because they are part of the community, so we can all move forward and we can all help each other. And maybe one day when it's the workers day, they will also come and be with us so they can also support us, so we all support each other in the community. As you can see there are several of us here, there's women, there's men, some older, some younger, everybody joyful, keeping each other company.

Fuimos a la marcha porque son parte de la comunidad, que todos podamos avanzar hacia adelante y ayudarnos unos a otros. Tal vez habrá un día cuando sea el día de los trabajadores en que ellos vengan también a apoyarnos y estar con nosotros, que podamos todos apoyarnos unos a otros en la comunidad. Como puedes ver aquí habemos varios, hay mujeres, hay hombres, algunos más viejos, algunos más jóvenes, pero todos contentos, acompañándose unos a otros.

LIFE IN THE TERRITORY

Cali and Bahía Málaga, Colombia

PHOTO: D. GÓMEZ

ROCÍO *(Siloé)*

This was a blessing for us. A really nice project by the SIDOC Foundation. Really nice beacause before this was like a forest, and there was a tragedy. Some houses fell and people died. A woman called Armitage came here to paint the houses white and she had the idea of doing a park. We told her that was impossible because the government had said this land was unstable, but she took us to Medellín to show us how there was a park in every corner even though it is more hilly and unstable than here.

Pues que esto fue una bendición para nosotros. Un proyecto muy lindo que hizo la Fundación SIDOC. Muy bonito porque esto antes era monte, hubo una tragedia, unas casas se derrumbaron y mataron a otra gente. Vino la doctora Vivianne Armitage a pintar las casas de blanco y le gustó la idea de hacer un parque. Nosotros le dijimos que no, que eso era imposible porque por acá el gobierno había dicho que esto era zona de alto riesgo. Y mirá que no, ella nos llevó a Medellín a mostrarnos que en Medellín es más ladera que aquí y en cada cuadra hay un parque.

JUAN CARLOS *(Buenavista)*

The corn is ours, our harvest and the name is really clear: "MAIS": "Movimiento Indígena Alternativo y Social" (Alternative and Social Indigenous Movement). Is what I have always said: this movement is not only for indigenous people but for every social field and everything it involves: afroamericans, peasants, Yanaconas (indigenous people). Because it has been clear for a long time: if we are not united, next wars are not going to be for land but for water, that's why we need to be united. What we are doing, our struggle for the freedom of mother earth is not just for us, it is for the whole continent.

PHOTO: R. GÓMEZ

Pues lo de nosotros es Maíz, es lo que cosechamos, lo que es de nosotros, y pues el nombre es muy claro: Movimiento Indígena Alternativo y Social. Es lo que siempre he dicho, este movimiento no es sólo para los indígenas, sino para todo el sector social y todo lo que éste abarque: afros, campesinos, mestizos, Yanaconas, etc. Porque, siempre he sido muy claro, si no nos unimos todos las próximas guerras no van a ser por tierras sino por agua, por eso nos tenemos que unir todos. Lo que estamos haciendo, la lucha por la liberación de la madre tierra no es sólo para nosotros, es para un todo un continente.

2.7

Information, skills and learning

Información, aprendizaje y nuevos conocimientos

DAVID *(Siloé)*

In our case, we became experts in sociology, social work, museums, history. If we work with some anthropologist or sociologist, we can work better than them here in Siloé because we know our people and our community but it doesn't mean that we have the professional skills that the university gives you. There is communitarian knowledge but the academic part is really important.

―――――

Por ejemplo en el caso de nosotros, nos volvimos expertos en sociología, en trabajo social, en museos, en historia. Uno comienza a tener esas capacidades, si a uno lo sueltan en el escenario del sociólogo, del antropólogo, pues uno dentro de la comunidad da sopa y seco, porque uno conoce. Pero eso no significa que uno tenga la capacidad del profesional que va a la universidad, la parte académica nutre mucho. Entonces, hay sabiduría comunitaria, pero también es importantísima la parte académica. Digamos que te mandan a las favelas de Río de Janeiro, vos aparte de tener el conocimiento sobre Siloé y este trabajo, también debés tener conocimientos académicos, para que vos te acerqués.

INFORMATION, SKILLS AND LEARNING

Access to information and learning opportunities are valued by migrants, who see them as a way to improve themselves, to increase their chances of success, and to help develop their communities.

In Seattle, migrants look for learning opportunities to grow both professionally and personally. Striving to have a better life goes beyond the mere need to find a (better) job to sustain themselves. Participants in Fotohistorias have a strong drive for self-improvement. They have and cultivate their goals, dreams, and aspirations. *"If you can dream it, you can achieve it"* they learn at Casa Latina. But the path to self-improvement is not always easy. Migrants' expectations are not always met, and many realize that the so-called *American Dream* is a fiction. When they arrive in the US they realize that the difficulties of the journey were only the beginning. Nevertheless, they believe they can make their dreams come true. Or not.

Among participants in Colombia, the focus is shifted towards accessing information and learning to benefit the whole community, the young in particular. Both formal and informal education are considered to play a role in improving the life in the territory, and individuals feel responsible to bring back and share what they learned.

The venues where migrants can have access to information and learning are important: the public library is a landmark since their arrival in Seattle. The library is a safe haven, a place for learning and entertainment, a place that helps survive the impermanence and transience of their daily lives.

Information technologies such as computers and the internet also play an important role, providing communities tools to meet their information and communication needs, to collect their memories, and to learn new things, even if using these technologies is problematic at times.

INFORMACIÓN, APRENDIZAJE Y NUEVOS CONOCIMIENTOS

El acceso a la información y a oportunidades para aprender son valoradas por los migrantes, quienes ven en ellas una manera de superarse personalmente, de aumentar sus posibilidades de éxito, y de ayudar al desarrollo en la comunidad.

En Seattle, los migrantes buscan oportunidades de aprendizaje para crecer profesional y personalmente. La búsqueda de una vida mejor va mucho más allá de la búsqueda de trabajo para el sustento. Los participantes en Fotohistorias expresan también un fuerte impulso para la superación personal; tienen y cultivan sus sueños, deseos y aspiraciones. "¡Si lo puedes soñar, lo puedes lograr!", dice un afiche en Casa Latina. Pero el camino hacia la superación personal no es siempre fácil. Las expectativas no siempre se realizan, y muchos se dan cuenta que el "sueño americano" es una ficción. Cuando llegan a EEUU se dan cuenta que las dificultades del viaje para llegar eran sólo el comienzo. Sin embargo, creen que van a poder cumplir sus deseos. O no.

En Colombia se expresa un interés por el acceso a la información y el aprendizaje que beneficie a la comunidad en su conjunto, principalmente los jóvenes. La educación formal y no formal tienen un papel importante para mejorar la vida en el territorio, y los individuos con frecuencia se sienten responsables de compartir lo aprendido de vuelta con la comunidad.

Los espacios donde los migrantes tienen acceso a la información y al aprendizaje son muy importantes: la biblioteca es un punto de referencia desde el primer día de llegar a Seattle. La biblioteca es vista como lugar seguro, un lugar para aprender, entretenerse, y sobrellevar la impermanencia de su vida cotidiana.

Las tecnologías de información como computadoras y la internet juegan un papel importante, dándole a las comunidades una herramienta útil para sus necesidades de información y de comunicación, para recoger sus memorias, y para aprender nuevas cosas, aun si el uso de las nuevas tecnologías es a veces problemático.

LIFE IN THE NORTH

Seattle, Washington

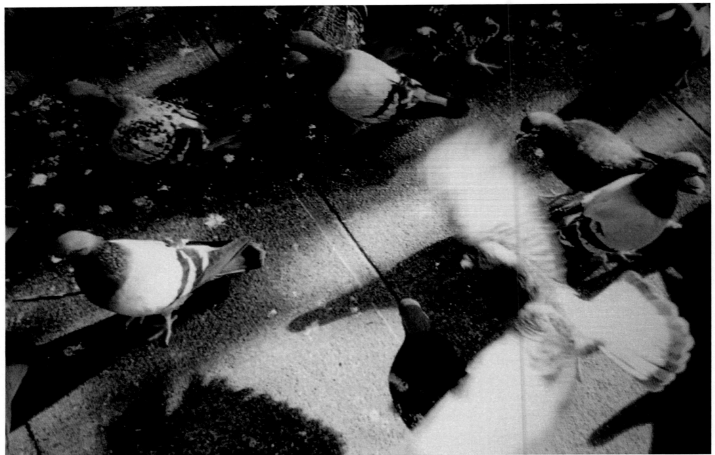

GILDA

For me, the pigeon that is taking off to fly is me, because I feel that I cannot allow anybody to cut my wings . . . in any circumstance. In life, we have to try to fly so we can accomplish our goals, both personal and professional. For this, you need to have faith and hope that you will accomplish them. I remember that my mom used to say, "Children are not your own — you have to give them wings so they can fly off." I remember and carry with me my mom's words. Those are very wise words. The words that parents tell you during your childhood and youth. Even though my parents were not educated, they shared very wise words with me.

Para mi, la paloma que está arrancando a volar soy yo, porque siento que no puedo permitir que nadie me corte las alas, en ninguna circunstancia. En la vida tenemos que tratar de volar para lograr nuestras metas, tanto personales como profesionales. Por esto hay que tener fe y esperanza que lo vas a lograr. Recuerdo que mi mamá me decía: "Los niños no son tuyos, tienes que darles alas para que puedan volar." Esto lo recuerdo y llevo las palabras de mi mamá conmigo. Son palabras muy sabias. Las palabras que los padres te dicen durante tu infancia y tu juventud. Aun cuando mis padres no tuvieron educación, compartieron palabras muy sabias conmigo.

PHOTO: SERVANDO

SERVANDO

The picture is not about the white car. It's about the Starbucks, the first Starbucks on Pike Place. All the other ones originated from this one. I want to set up my business and want it to be as successful as Starbucks. When I go back to my country to set up a business, I want to be as lucky and successful as Starbucks. Or at least, I want to have that in mind. I want the luck because I believe in it. If a man does not believe in luck, then he has nothing.

Esta foto no es del carro blanco que está allí. Es del café Starbucks, el primer Starbucks en Pike Place (Seattle). Todos los demás se originaron de éste. Yo quiero montar mi propio negocio y quiero que sea tan exitoso como Starbucks. Cuando vuelva a mi país a poner un negocio, quiero tener tanta suerte y tanto éxito como Starbucks. O por lo menos, quiero tener eso en mente. Quiero la suerte porque creo en ella. Si una persona no cree en la suerte entonces no tiene nada.

PHOTO: LOURDES

LOURDES

They started small, and now they have a little store. They are humble. They will help you. When they don't have anything, they won't deny their friendship. They are always telling you: "Whatever I can do, you can do too. What you need is to never give up, to keep on working. Sí se puede, yes you can." The most important thing is to have and value your dreams.

Ellos empezaron con muy poco, y ahora tienen una tiendita. Son muy humildes. Te ayudan. Cuando no tienen nada, no te van a negar su amistad. Siempre te están diciendo: "Lo que yo puedo hacer, tú lo puedes hacer también. Lo que necesitas es nunca rendirte, seguir siempre trabajando. Sí se puede, yes you can." Lo más importante es tener y valorar tus sueños.

PHOTO: JUAN

PHOTO: GILDA

JUAN

This is my American Dream, for me and for all the Hispanics who are here. You dream about going to the U.S. and you think: "Oh, I will earn dollars and return to Guatemala and buy a nice car, a nice house, buy cows, etc." So this picture of me sleeping and dreaming about my American Dream of coming here to the U.S. to earn dollars and baskets of money and go back and be rich. And then you get here and it's not like that. Where is the money? Where are all the riches? Where do you pick up the money? It's all lies. The American Dream that everyone is talking about is not like that.

———————

Este es mi sueño americano. Para mi y para todos los hispanos que estamos aquí, el sueño es ir a los Estados. Piensas: "Oh, voy a ganar dólares y volver a Guatemala y comprar un buen carro, una buena casa, tener vacas, etc." Así que en esta foto estoy durmiendo y soñando mi sueño americano de venir a los Estados y ganar dólares, canastas de dinero, y volver a mi tierra siendo rico. Pero entonces llegas aquí y te das cuenta que no es así. ¿Dónde están los dólares? ¿Dónde están las riquezas? ¿Dónde se recoge todo el dinero? Todo son mentiras. El sueño americano del que todos hablan no es así.

GILDA

This last picture is of a stone with the word "BELIEVE." Every day, I carry it with me in my bag. When I leave home, I have it in my coat. I have to believe in myself. I have to believe in life. I have to believe in others. I have to believe in so many things . . . things that I want to fight for, because if you fight with faith, then you can accomplish things. Faith is something that I want to maintain because I am a human being. Weakness will make you vanish. With faith and hope, one can keep moving forward.

———————

Esta última foto es una piedra con la palabra "BELIEVE" (CREO). Cada día la cargo conmigo en mi bolso. Cuando salgo de casa la tengo en mi abrigo. Tengo que creer en mí misma. Tengo que creer en la vida. Tengo que creer en los otros. Tengo que creer en tántas cosas! Cosas por las que quiero luchar, proque si se lucha con fe, puedes conseguir muchas cosas. La fe es algo que mantengo porque soy humana. La debilidad me haría desaparecer. Con fe y esperanza, uno puede seguir saliendo adelante.

PHOTO: SERVANDO

SERVANDO

This is the central library, but I also call it "the office" because for a lot of people, that's everyone's office. That is where we went to see the football game of the Seahawks. This is the entrance of the library.

———

Esta es la biblioteca central, pero la llamo también "la oficina" porque para muchos es la oficina de toda mi gente. Aquí nos fuimos a ver los partidos de fútbol de los Seahawks. Ésta es la entrada de la biblioteca.

"I've always wanted to see the aurora borealis, but I've never seen them. And I like to go to the library and learn about all those things. I read the newspapers in the library. The library is really like a shelter for everybody who is on the street. Like a church, they cannot kick you out of there. If you go to the central library, the majority of the people there are homeless, and the other 20% is normal people, people who live in their homes and those who work there."

SERVANDO

"*Siempre he querido ver las auroras, las auroras boreales, porque nunca las he visto. Me gustaría ir a la biblioteca para aprender sobre todas estas cosas. Yo leo los periódicos en la biblioteca. Para todo el mundo en la calle la biblioteca es un refugio. Igual que una iglesia, no te pueden echar de allí. En la biblioteca central la mayoría son personas sin hogar, y el otro 20% son personas normales que viven en sus propias casas o que trabajan allí.*"

PHOTO: RAMÓN

RAMÓN

At the library you can just look at books and if you like one, you can read it and if not, you can just leave it there and you don't have to buy it. There are many many themes that you can explore! I like Pablo Neruda. I like to listen to his poems.

I go to the library any day I have a chance. If I don't find work here at Casa Latina, I can go and spend all day at the library and improve myself. I can fill in all the knowledge that I'm missing and also it is a safe place to go hang out even if I have nothing to do. It's very comfortable there because outside it's cold and it's raining and in the library it doesn't rain and it's not cold. At the library you don't have to pay anything. Here in Seattle, it's such a beautiful structure. Any level that you go to, there's a lot to watch and to admire.

En la biblioteca puedes mirar libros y si te gusta uno lo lees, y si no, lo dejas ahí y no lo tienes que comprar. Hay muchos temas que puedes explorar. A mí me gusta Pablo Neruda. Me gusta escuchar sus poemas.

Yo voy a la biblioteca cada vez que puedo. Si no encuentro trabajo aquí en Casa Latina, puedo ir a pasar todo el día en la biblioteca y así superarme. Puedo llenar todo el conocimiento que me hace falta, y es también un lugar seguro donde ir y pasar el tiempo, aun si no tengo nada que hacer. Es muy cómodo allí porque afuera hace frío y está lloviendo y en la biblioteca no llueve y no hace frío, y no tienes que pagar nada. Aquí en Seattle es una estructura muy bella. A cualquier nivel que vayas, hay mucho qué ver y qué admirar.

VENTURA

Well, that was the first day, when I arrived to Seattle, I got off the bus, and we went to the library with a friend. This is my friend, the one sitting there . . . It's been about three years since I took that photo.

———

Bueno, eso fue el primer día cuando llegué a Seattle. Me bajé del bus y fui a la biblioteca con un amigo. Ese es mi amigo, el que está sentado allí. La biblioteca . . . hace ya como tres años que tomé esa foto.

There's the library. A friend asked me, "Do you want to speak with your family? I will show you how to get onto the computer," and that's how I got to know the library. He begged me, "Let's go to the library!" because I don't like to read books, but one day I agreed and up to now, I'm still going there. I use the computer for the translator, and I see movies with subtitles. And sometimes I speak to my family.

———

Esa es la biblioteca. Esa misma la conocí como al tercer día de estar en Seattle. Un amigo me dijo: "¿Quieres hablar con tu familia? Yo te enseño como entrar a la computadora," es por eso que acepté y así es como conocí la biblioteca. El me rogó: "Vamos a la biblioteca!" Porque a mí no me gusta leer libros, pero un día acepté ir y hasta el día de hoy sigo yendo ahí. Yo uso la computadora para el traductor, y también veo películas, con subtítulos. Y a veces, hablo con mi familia.

PHOTOS: VENTURA

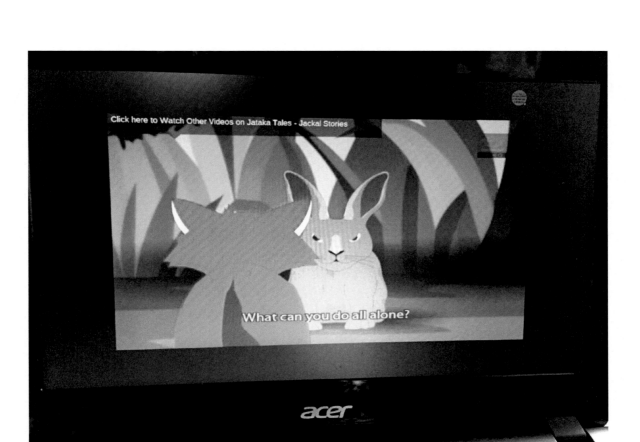

PHOTOS: VENTURA

VENTURA

I always go to the library to use the translator, since I am an aficionado of English. I learn a lot of words and phrases there. I watch videos as well, but they have to have the closed captioning, otherwise I don't like it because I don't understand any of it. If the captioning comes up, and the person is speaking in English, that's what I like. I want to hear the pronunciation. That's why I go to the library.

———

Yo siempre voy a la biblioteca a usar el traductor, porque soy muy aficionado al inglés. Aprendo muchas palabras y frases allí. Veo videos también, pero tienen que estar subtitulados. Si no tienen los subtítulos no me gusta, no entiendo nada. Pero si aparecen los subtítulos y la persona está hablando en inglés entonces sí me gusta. Así es que por eso voy a la biblioteca, esa es mi diversión.

" We talk on the phone. I have a niece in El Salvador and we sometimes talk on the phone. I go to the library to use the computer and the internet but I don't use it for communications, I use it to study things that I like, such as metaphysics, things about other planets and about astrology. That's when I use a computer.

CARLOS

" *Hablamos por teléfono. Tengo un sobrino en El Salvador y hablamos a veces por teléfono. Voy a la biblioteca a usar la computadora y el internet, pero no los uso para comunicaciones, los uso para estudiar temas que me gustan como la metafísica, cosas de otros planetas, astrología. Para eso es que uso la computadora.*

JUAN

I call my mother . . . I don't tell her the bad things that happened to me. I just tell them the good things. I buy prepaid cards at the Azteca store on Jackson to call long distance. I call her 4 or 5 times a week. I don't really know how to use the computer or the cell phone. I can just talk and I like to hear their voice and talk to my family. I really miss my family. The cell phone I have is not a very fancy one. I can take pictures but I can't send them to my family in Guatemala. I can send them to my nephew in New York and he then sends them to my family.

PHOTOS: JUAN

Yo llamo a mi mamá. No le digo las cosas malas que me han pasado, sólo le digo las buenas. Compro tarjetas prepagadas en la tienda Azteca en Jackson, y las uso para hacer llamadas de larga distancia. La llamo unas 4 o 5 veces por semana. En realidad no se cómo usar una computadora o un celular, sólo se hablar y me gusta escucahr la voz y hablar con mi familia. Me hace mucha falta mi familia. El celular que tengo no es muy sofisticado. Puede tomar fotos pero no las puedo mandar, a mi familia en Guatemala. Se las mando a un sobrino en Nueva York, y él se las hace llegar.

PHOTO: GILDA

GILDA

These are my laptop, my cell phone and my desk phone. This is the place where I work, where I grow every day, where I discover my professional side. These tools push me toward success. This means a lot to me. I learn how to fight and argue. Also, I learn how to find reconciliation. I work with people with different cultures and levels of education. I understand that it's not just that people have problems and you need to confront them, it's about trying to understand the root of the problem. These tools have taught a lot of things throughout my job. I am open to learning because I am a human being.

Éste es mi portátil, mi celular, y mi teléfono. Aquí es donde trabajo, donde crezco cada día, donde descubro mi lado profesional. Estas herramientas me empujan hacia el éxito. Esto significa mucho para mí. Aprendo cómo argumentar y cómo luchar. También aprendo cómo encontrar reconciliación. Trabajo con personas de diferentes culturas y niveles educativos. Entiendo que no es sólo que las personas tengan un problema y hay que confrontalos, sino que también hay que tratar de entender la raíz del problema. Estas herramientas me han enseñado muchas cosas en mi trabajo. Yo estoy abierta a aprender porque soy un ser humano.

PHOTO: S. VANNINI

VENTURA

There I am I am with some friends: with you, the interviewers, you are interviewing me. Here you were showing me how to use the camera. I would like it if you send me the pictures I took to my Facebook. I have my photos there to keep as memories . . . Maybe one day I will be in a different place, so I just open my Facebook and I see the memories.

———

Ahí estoy yo con unos amigos: con ustedes, los entrevistadores, ustedes me están entrevistando. Aquí me están mostrando cómo usar la cámara. Me gustaría que me manden las fotos que tomé a mi Facebook. Yo tengo mis fotos en Facebook para guardarlas como recuerdos. Tal vez un día estaré en otro lugar, entonces no es sino abrir Facebook y veo los recuerdos.

PHOTO: R. GÓMEZ

JIMMY

The phone is like a taxi, when you get lost it has the navigation, so you can put it in and it will take you where you want to go.

———

El teléfono es como un taxi, cuando te pierdes tiene la navegación, y le pones a dónde vas y el te lleva donde quieres ir.

Lupe and migrants' information behaviors

•••

R: How do you find information in preparation for crossing?
L: It's all through friends. You ask here and there who knows someone. And then you find somebody who knows someone. And they give you a phone number and you talk with someone. That's the way you do it.

R: So no use of technology, no radio, no Internet, no TV?
L: No, nothing, just word of mouth and making a phone call.

R: Now, the technology that is used by the border patrol, what do you think of that?
L: Well, I did not cross on the mountains. But what my other friends tell me is that they use "moscos," flies, I believe this is the drones, something that flies and observes from above. And that's how you're picked up. And cameras, they use cameras. And I believe they also have some wires, sensors, that if you step on it, they know that you're there. That's what I hear from others. But they do so many things that I don't know. This is my second time trying to cross, and so I don't really know much. I don't have much experience.

R: Do you know there are organizations who are trying to help, and they use technology, organizations trying to help find water, or maps.
L: Oh, yes, I've seen that on the TV, I saw a program about people putting water on the road. And some people told me that, when they were walking on the desert, they found a woman, and she was dead. And so there's people who leave water for the people who are in the desert.

R: And if you were told that here, there's this cell phone that will point you to water, would you use it?
L: No, I don't think so.

R: Why?
L: Because, well, the mountains is very dangerous and just going on your own with a cell phone, no, I don't think so.

Lupe y la información para los migrantes

•••

R: ¿Cómo encontraste la información que te hacía falta para prepararte para cruzar?

L: Es todo a través de los amigos. Preguntas por aquí y por allá quién conoce a alguien. Y luego encuentras a alguien que conoce a alguien más, y te dan un número de teléfono y hablas con alguien. Es así cómo se hace.

R: Entonces ¿no usas las tecnologías, como la radio, internet, la televisión?
L: No, nada, es solo de boca en boca y hacer una llamada.

R: Y de la tecnología usada por las patrullas fronterizas, ¿qué crees de eso?
L: Bueno, yo no crucé por las montañas. Pero lo que me dijeron mis amigos es que usan "moscos", creo que son los drones, algo que vuela y observa desde el alto. Y es así que te pillan. Y cameras, usan cameras. Y creo que también tienen filos, sensores, que si los pisas, saben que estás allí. Esto es lo que escucho de los demás. Pero ellos hacen tantas cosas que no sé. Esta es la segunda vez que cruzo, así que no sé mucho, la verdad. No tengo mucha experiencia.

R: ¿Sabes que hay organizaciones que intentan ayudar usando las tecnologías, organizaciones que intentan ayudar a encontrar agua o mapas?
L: O, sí, lo he visto en televisión, he visto un programa sobre personas que meten agua en las carreteras. Y alguien me dijo que al irse para el desierto encontraron a una mujer, y estaba muerta. Entonces hay personas que dejan agua para los que se encuentran en el desierto.

R: ¿Y si te dijeran que este celular te lleva a encontrar agua, lo usarías?
L: No, no creo.

R: ¿Por qué?
L: Porque, bueno, las montañas son muy peligrosas e irme sola con un celular, no, no creo.

RAMÓN

This is a picture of a laptop. I have a laptop but it doesn't work anymore. Now I use my phone. I have two cell phones. One has a phone line, and this other one is smartphone but it does not have any phone line. I put a Bluetooth keyboard on it and I use it as a tablet. I watch programs in English, I play games, math games, and I watch things on YouTube, I listen to music. That's how I relax, because if I just stay watching then I get sleepy.

Ésta es una foto de un portátil. Yo tengo uno pero ya no sirve más. Ahora uso mi celular. Tengo dos celulares, uno es un teléfono básico que sí tiene línea telefónica, y el otro es un smart phone que no tiene línea. Le pongo un teclado de Bluetooth y lo uso como tablet. Miro programas en Inglés, juego juegos, juegos de matemáticas, miro cosas en YouTube, escucho música. Así es como me relajo, porque si me quedo sólo mirando películas me da sueño.

PHOTO: RAMÓN

How did you learn to use the computer?

I started to come here to Casa Latina to the computer classes. Here they give you the very basics: how to use email, how to open an account, and how to use it. I learned those basic things here. I would like to learn how to repair cell phones or tablets because there's a lot of work I can no longer do because I don't have the strength. But my mind could do other jobs ... I dream of doing something like repairing computers. I want to learn other things related to technology.

RAMÓN

¿Cómo aprendió a usar la tecnología?

Yo comencé a venir aquí a Casa Latina a las clases de computadora. Aquí te dan los elementos básicos, cómo usar el correo, cómo abrir una cuenta, cómo usarla... aprendí esas cosas básicas aquí. Me gustaría aprender a reparar computadoras o celulares, porque hay muchos trabajos que ya no puedo hacer porque no tengo la fuerza. Pero mi mente puede hacer otros trabajos. Yo sueño con hacer algo como reparación de computadoras. Quiero aprender otras cosas relacionadas con la tecnología.

PHOTO: RAMÓN

PHOTO: MARIA

RAMÓN

This cartoon shows homeless people who live on the street but they are not as poor as they are supposed to be. They have their laptop, they write on their tablets. And here it says "Save our Jobs" but this is really about Steve Jobs, not about work. I don't have any money but I like technology and they also like technology. I know how to use technology, even if you don't understand it all, and it's a really good tool. You don't really need to know what is behind it. Just use it like any other tool . . .

———

Esta caricatura muestra unas personas que viven en la calle, pero no son tan pobres como s supone. Tienen su portátil, escriben sobre su tablet, y aquí dice "Save our Jobs" pero en realidad no es sobre salvar nuestro empleo sino sobre salvar a Steve Jobs. Yo no tengo dinero, pero me gusta la tecnología, y a ellos les gusta la tecnología también. Yo sé cómo usar la tecnología, aun cuando no la entiendo toda, pero es una herramienta muy buena. No tienes que saber qué está detrás, sólo usarla como cualquier otra herramienta.

MARIA

This is a map of the bus stops in Seattle. We are always looking for maps to go to our next job, because they give us our work order and we go to the bus stop, and we are trying to get to the address we are given. I think the map is important because if not, then you have to keep asking for directions. Even people here at Casa Latina are always asking, "How do I go here, how do I go there." I just go and look at the map, and this is how I find my place. I don't read and I don't know how to write, but I say "Well maybe my mind will help me with this." That is why I like this picture.

———

Ésta es una foto de un mapa de Seattle con las paradas del bus. Siempre estamos buscando los mapas para ir al trabajo, nos dan la orden de trabajo y ya llegamos a la parada del bus, y ahí estamos buscando cómo llegar a la dirección que nos dan, y se me hizo interesante y por eso la tomé. Yo digo que es importante porque si no, luego andamos preguntado por direcciones. También la gente de aquí de Casa Latina siempre está preguntando. "¿Cómo le hago para llegar aquí? ¿Cómo le hago para llegar allá?" Y yo que no soy de acá me voy y veo el mapa y así me ubico un poco. Yo no sé leer y no sé escribir pero yo digo que mi mente a lo mejor me ayuda con esto, viendo el mapa ahí en la parada del camión. Por eso me gustó la foto.

SERVANDO

When I first bought my smart phone I didn't know how to use it and so I lost a job because I didn't know how to answer. He would call me and I just touched the screen like this, and I wouldn't answer. It was only later that somebody told me that you have to actually swipe over and then answer the phone. Now I know how to answer. It's easy, everything is easy once you learn.

———

Cuando primero compré un smart phone no sabía cómo usarlo y perdí un trabajo porque no supe cómo contestar la llamada. Me llamaban y yo sólo tocaba la pantalla así, y no contestaba. Fue sólo más tarde que alguien me dijo que hay que arrastrarlo hacia el lado con el dedo para contestar el teléfono. Ahora ya se cómo contestar. Es fácil. Todo es fácil cuando uno ya sabe.

PHOTO: R. GÓMEZ

PHOTO: SALOMÓN

SALOMÓN

This is my English class, at Seattle Central Community College. My classmates are from different countries: Morocco, Colombia, Vietnamese, Chinese, Mexico, very international. It represents that we can all be here not just to work, but you can go to school and if you can learn the language better, you will have more opportunities.

Ésta es mi clase de Inglés, en el Seattle Central Community College. Mis compañeros de clase son de diferentes países: Marruecos, Colombia, Vietnam, China, México . . . muy internacional. Representa que todos podemos estar aquí no sólo para trabajar sino también para estudiar, y si puedes aprender la lengua mejor, vas a tener mejores oportunidades.

PHOTO: SALOMÓN

SALOMÓN

This is a class here at Casa Latina, we get together for English and Spanish classes. The program is called "Somos Vecinos," We are Neighbors, and people come from the neighborhood because they want to learn Spanish, and we want to learn English, and at the end of the class we get together to share how it's going and what we've learned.

Esto es una clase aquí en Casa Latina, nos juntamos para clases de Inglés y Español. El programa se llama "Somos Vecinos", y las personas del vecindario vienen porque quieren aprender Español, y nosotros queremos aprender Inglés, y al final de la clase nos reunimos a conversar y ver cómo va y qué hemos aprendido.

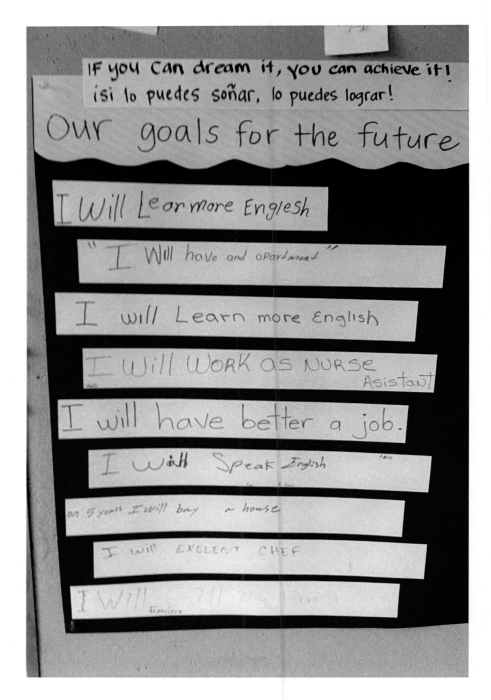

IF you can dream it, you can achieve it!
¡Si lo puedes soñar, lo puedes lograr!

Our goals for the future

I Will Lear more Englesh

"I Will have and apartment"

I will Learn more English

I will WORK as NURSe Asistant

I will have better a job.

I will Speak English

on 5 years I will buy a house

I will EXELENT CHEF

I will ... my family
Francisco

JIMMY

You always have to be learning. You have to contribute your part, you have to do your part and learn how to use the computer, how to use the keyboard. . .you have to learn how to do new things. So they say, "Oh no, learning English is too difficult," but I say learning English is very important because even so English is now what feeds us, you will get better jobs if you speak English.

___

Siempre tienes que estar aprendiendo. Tienes que poner de tu parte, hacer tu parte y aprender a usar la computadora, cómo usar el teclado... aprender cómo hacer nuevas cosas. Otros dicen: "O, no, aprender Inglés es muy difícil." Pero yo digo que es muy importante aunque sea difícil, porque el Inglés es lo que nos alimenta, vamos a conseguir mejor trabajo si hablas Inglés.

PHOTO: R. GÓMEZ

PHOTO: R. GÓMEZ

JORGE

In Mexico, I only did elementary school. I came here and I didn't know what was going to happen here. I had no idea they spoke another language. That was the first thing that impacted me, the way of life . . . it's very different. But I liked it, I liked the way of life, so that's why I stayed.

En México sólo hice la escuela primaria. Vine aquí y no sabía qué iba a pasar aquí, no sabía que se hablaba otro idioma. Eso fue lo primero que me impactó, la forma de vida, que es muy diferente. Pero me gustó, me gustó esa forma de vida, y por eso me quedé.

"**Well, yes, I have some English classes but I forget and it doesn't stay with me. I have this application called Bilingual and I think it's better, more entertaining because first it asks me to pick an image and write it or describe it, then it asks me to say it and then it asks me to write again, so I think it's very complete. There are other courses that I've seen that are just blah blah blah. It's also easier because you can speak and if you don't say it correctly then it'll say it's an error and you have to repeat it.**

RAMÓN

"*Bueno, sí he tenido algunas clases de Inglés, pero se me olvida, no se me queda. Tengo esta aplicación que se llama "Bilingüe" y creo que es mejor, más entretenida, porque primero me hace elegir una imagen, luego escribir o describirla, y luego me pide que la diga, y luego que la escriba otra vez. Así que es muy completa. Hay otras clases que son puro bla bla bla. Es más fácil porque puedes hablar y si no lo dices correctamente entonces te dice que es un error y lo tienes que repetir otra vez.*

PHOTO: BEATRIZ

BEATRIZ

This isn't the news, it's an English class because when there are things I don't understand, I go and I put on a CD. I have struggled a lot with English because I didn't have a formal education in my country. I never had the idea that I would come to this country. But I'm here and I need English so I strive to learn. I am understanding the verbs and via the smartphone I have learned grammar, and to write better in Spanish.

————

Éstas no son las noticias, es una clase de Inglés porque cuando hay cosas que no entiendo, voy y pongo el CD. He luchado mucho con el Inglés porque no tuve mucha educación formal en mi país. Nunca tuve la idea de venir a este país. Pero aquí estoy, y necesito el Inglés así que le hago ganas a aprender. Ya estoy entendiendo los verbos y gracias al smart phone ya he aprendido gramática, y también a escribir mejor en Español.

PHOTO: RAMÓN

RAMÓN

We went to a very nice workshop to learn how to do pruning. This was a very nice workshop. First they gave us the theory, how the tree is a live being and you should not hurt the tree, how trees are important in this world. Then they taught us how to prune. At the end they gave us a certificate. It was at the university but as members of Casa Latina we didn't have to pay.

————

Fuimos a un taller muy bonito sobre cómo hacer poda de árboles. Primero nos dieron la teoría, cómo el árbol es un ser vivo y no se lo debe lastimar, cómo los árboles son muy importantes para el mundo. Después nos enseñaron cómo podar. Al final nos dieron un certificado. El curso fue en la universidad, pero como miembros de Casa Latina no tuvimos que pagar.

LIFE IN THE TERRITORY

Cali and Bahía Málaga, Colombia

PHOTO: R. GÓMEZ

HOOVERT *(Bahía Málaga)*

Schools need to improve. The malagueño that wants to grow and study won't see the oportunities here to make it so he will look for them outside. That is something we want to change.

La escuela aquí neceista mejorar. Ese malagueño que quiere crecer y evolucionar educativamente, no ve allí las oportunidades para hacerlo, ni para fijarse al territorio, entonces los busca por fuera.

PHOTO: D. GÓMEZ

DAVID *(Siloé)*

The "Punto Digital" is a pretty name but one of the results is that the kids are no longer coming to the library. There is a problem, the computers are laptops so they must be locked. Kids and teens cannot be mixed together because supposedly they can take the laptops away. At the "Punto Digital" the security of the laptops is seen as more important than the educational process.

Entonces, el punto digital, el título es muy bonito y todo el cuento, pero eso lo que ha traído es que los niños no vengan a la biblioteca a consultar. . . La partieron para armar todo el punto digital. Como está el punto digital y los computadores son portátiles, los deben asegurar, no pueden dejar mezclar los niños o los jóvenes, porque se pueden llevar, supuestamente, el computador. Están poniendo por encima la seguridad del aparato.

PHOTO: S. VANNINI

JESSICA *(Siloé)*

Culturally, there is a belief that foundations are there to give you free things or free money. So when they come here and they see that we offer training and education, where people can study and learn new things, they go "hmmm."

En la cultura de la población vulnerable digamos como que se han estigmatizado un poco las labores que tienen que ver con fundaciones y lo piensan mucho: que son entidades del estado, se les va a brindar algo gratis o se les va a dar plata, o se les va a dar subsidios, o se les va a dar otras cosas. Cuando vienen acá y miran como que "hay capacitación," como que me tengo que formar, tengo que hacer tareas, tengo que estudiar, es como que "mmm."

JUAN CARLOS *(Buenavista)*

I went to the Cauca region to prepare myself in things I didn't know really well. Then I came to Cali with a main objective: make the indigenous guard stronger. But at the same time I tried to better understand the needs of Cali's indigenous community.

———

Creo que si me fui para el Cauca, fue para prepararme un poquito más sobre lo que no sabía. Llegué a Cali con una sola meta y un solo objetivo que era fortalecer la guardia indígena, pero al mismo tiempo traté de visualizar las necesidades de las comunidades indígenas acá en la ciudad de Cali.

PHOTO: R. GÓMEZ

PHOTO: D. GÓMEZ

DAVID *(Siloé)*

That's a good question because our work is more visible for the outside people than for the community. For example, the radio station is more visible for the community but in this moment it is not working. We know by YouTube that we are visited by almost 2,000 people each day.

Es una buena pregunta, porque las cosas de nosotros las ven más la gente de afuera que la gente de adentro. Pero tenemos la emisora de la comunidad, que en este momento el transmisor está dañado, pero entonces esa es más local. Pero, la gente de afuera si ve más lo de acá adentro, yo no sé cómo medir eso pero son como dos mil y pico de visitas diarias.

PHOTO: L. ZÚÑIGA

FERNEY *(Bahía Málaga)*

The links between the young and the old include the school, the leadership training, the preparations for generational change. The older leaders teach the younger ones, and this new leader has listened and learned, and he is the president of the community council.

———

La escuela, la formación de líderes y el relevo generacional, esa escala entre el mayor y el joven, encaja porque uno de los líderes mayores del territorio le enseñó al jóven y éste ha escuchado y aprendido y hoy es el presidente del consejo comunitario.

PHOTO: R. GÓMEZ

2.8

Relations with security and authority

Relaciones con la seguridad y la autoridad

PHOTO: D. GÓMEZ

DAVID *(Siloé)*

When you have a camera and the police is beating people up, they regret they did it. The camera is like another gun. The problem is that it can work also as a shelter for kids to have violent fights because they feel safe. The bigger the camera, the more the respect or fear that people feel. It all depends on what people think about the object.

———

Cuando tú tienes la cámara y la policía está golpeando la gente, el policía se abstiene, la cámara es casi otro revólver. Pero uno también ha sido irresponsable con la cámara, porque que se presta para que los pelados formaran tropeles, porque se sienten seguros con la cámara. Esa cámara entre más grande, infunde más respeto, más miedo, es que ese es el periodista, ese que está allí. Es como la mirada del otro, el otro cómo interpreta los aparatos.

RELATIONS WITH SECURITY AND AUTHORITY

Undocumented migrants have a unique relation with authority and security forces. They are not criminals, yet they frequently live in fear of detention and deportation. This fear is exacerbated while living at the border (see for example Chavalo, practicing hiding from the border patrol in the desert). In the desert migrants risk dying of exposure to heat, cold and thirst, but they are also vulnerable to abuse by traffickers, drug cartels and thieves. Sometimes, encountering the border patrol is what saves their lives.

For Fotohistorias participants in Seattle, authorities represent the threat of detention and deportation, but they also represent justice and the rule of law (see for example the photos and stories of the capture and sentencing of the killer of one of the Casa Latina workers). Marches and demonstrations are an important form of activism that gives migrants a voice and a public face. Participants in Cali and Bahía Málaga mostly lament the abuse or the lack of presence of State institutions.

RELACIONES CON LA SEGURIDAD Y AUTORIDAD

Los migrantes indocumentados tienen una relación especial con la autoridad y las fuerzas de seguridad. No son criminales, pero con frecuencia viven con miedo constante de ser detenidos y deportados. Este miedo es más tangible en la frontera (no es sino ver a Chavalo practicando esconderse de la migra en un hoyo en el desierto). En el desierto los migrantes se arriesgan a morir de calor y de sed, pero también se arriesgan a ser asaltados y extorsionados por traficantes de drogas y por ladrones. Algunas veces, el encuentro con la guardia fronteriza es lo que les salva la vida en el desierto.

Para los participantes de Fotohistorias en Seattle, las autoridades representan el riesgo constante de detención y deportación, pero representan también la justicia y el orden de la ley (ver por ejemplo la captura y el juicio al asesino de uno de los colegas trabajadores de Casa Latina). Las marchas y manifestaciones son una forma importante de activismo que le da cara y voz a los migrantes. Los participantes de Cali y Bahía Málaga lamentan la ausencia de las instituciones del Estado.

‖‖‖‖‖

LIFE AT THE BORDER

Nogales, Mexico

PHOTOS: CHINO

CHINO

It looks really hot and dangerous, and you can see there is also a border patrol truck parked there . . .

———

Parece muy caliente y peligroso, y se puede ver que hay un camión de la migra parqueado allí . . .

RICARDO:

So what are you going to do now?

LUPE:

I don't know. If I stay here, well, that would be better, but it would be turning my back on my kids. And I cannot do that, because they are my life. But if I try to go back and they catch me and they keep me in detention for a year, well, I don't want that either, because then I won't be able to be with my kids either. So I don't know, I don't know what I'm going to do.

RICARDO:

Y ¿qué vas a hacer ahora?

LUPE:

No se. Si me quedo aquí, pues sería mejor, pero sería darle la espalda a mis hijos. Yo no puedo hacer eso, porque ellos son mi vida. Pero si trato de volver y me agarran y me tienen detenida por un año, pues tampoco quiero eso porque entonces no podría estar con mis hijos tampoco. Así que no se. No se qué es lo que voy a hacer.

PHOTO: CHINO

CHINO

All along the wall on the other side they have strong lights that illuminate everything. This picture is around midnight and they still have all those lights on, so it looks like daylight.

That means we cannot cross at night because it is just as if it was during the day.

A todo lo largo del muro, al otro lado, tienen luces muy fuertes que iluminan todo. Esta foto es hacia media noche, y todavía tienen esas luces, así que parece que fuera de día.

Eso quiere decir que no podemos cruzar de noche porque es como si fuera de día.

> " **What is most difficult is finding who to go with, who can be a trustable guide. Anybody can say, 'Yes, I'll take you.' But then they leave you stranded on the way or turn you in.**"

CHAVALO

> " *Lo que es más difícil es encontrar con quién ir, quién es un guía confiable. Cualquiera puede decir 'Sí, yo te llevo,' pero después te dejan tirado en el camino o te entregan a la migra.*"

PHOTOS: CATRACHO

CATRACHO

These are all friends. They are all happy there saying hello . . . They are all in the same situation. Some of them were just deported and some of them are waiting to cross for the first time. Here in Nogales it is really difficult, you cannot just go to the border on your own, you have to pay the mafias, they are also watching.

RICARDO: So you have to deal with the border patrol and with the mafia. Which one is worse?

CATRACHO: Oh, the mafia is way worse, because the mafia will kill you. As soon as you cross into the U.S. you don't worry so much about the mafia, but then you are trying to hide from the border patrol. The mafia will kill you; the border patrol will arrest you and deport you, but they won't kill you.

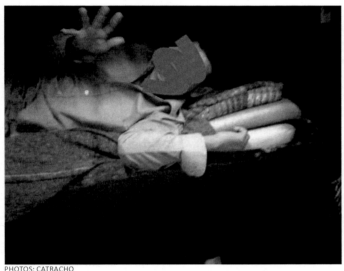 

PHOTOS: CATRACHO

Estos son todos amigos, están felices y diciendo hola. Están todos en la misma situación. Algunos fueron recién deportados y otros están esperando para cruzar por primera vez. Aquí en Nogales es muy difícil, no se puede solo ir a la frontera por tu cuenta, tienes que pagarle a las mafias, que también están vigilando.

RICARDO: *Así que tienes que lidiar con la migra y con la mafia. ¿Cuál es peor?*

CATRACHO: *La mafia es mucho peor, porque la mafia te mata. Apenas cruzas a los Estados ya no te preocupas tanto por la mafia, sino que te estás escondiendo de la migra. La mafia te mata; pero la migra te arresta y te deporta. Pero la migra no te mata.*

LIFE IN THE NORTH

Seattle, Washington

VENTURA

They handcuffed me, and put me in the back of the patrol car, they put me there in that cage, I was there about 15 days, then they transferred me to a cell, and then another cell, then another, and finally the last one was in the big house in Mexicali. That was the last cell they put me in. Then they sent me back to my country. All the way over there, so I came back again. I could not stay over there because it's is even harder over there. Sorry to say this but over there, they will blow your head off. If you ask, they say, "Ah, get a job," but there are none. And if you don't ask, you die of hunger . . . My stomach hurt, great stomach pains that I would get, because I wasn't eating. But not now, I don't suffer like that. I am eating, and I have money. Here I say, damned be those days when I had to endure that pain and hunger. Now I will eat well, I say.

PHOTO: CHINO

Me amarraron de las manos y me metieron atrás de la patrulla, me pusieron en una celda, estuve ahí como 15 días, después me transfirieron a otra celda, después otra, y finalmente la última era en una gran casa en Chicali [Mexicali]. Después, me regresaron a mi país. Hasta allá fui, entonces me regresé. Si, pues, yo no me podía quedar ahí porque es hasta más difícil allá. Perdón por decir esto, pero allá le vuelan la cabeza a uno. Si preguntas por comida, te dicen, "Ah, consigue un trabajo," pero no hay ni uno. Y si no preguntas, te mueres de hambre. . . Me dolía el estómago, grandes dolores de estómago que me daban, porque no estaba comiendo. Pero ahorita no, ya no sufro como antes. Estoy comiendo, y tengo dinero. Maldigo esos días cuando tuve que aguantar dolor y hambre. Ahora como bien, yo diría. Y estoy bien aquí, me gusta aquí.

JUAN

I was caught by the police. I had not committed any crime but the police was looking for somebody else and maybe I resembled the person they were looking for. I don't have any problem with the police. They held me for 3 or 4 days and they turned me over to the immigration detention center in Tacoma. I was there for 6 months in detention. They asked me if I was afraid to go back to my country. I said yes, and so they did not deport me. Because the truth is I cannot go back to my country. I worked close to the government in my country and that's the way they are. When you leave, if you have worked with them and then have deserted them, you become their enemy. They will look for you. So I really cannot go back.

Me agarró la policía, aunque yo no había cometido ningún crimen, pero estaban buscando a alguien más, seguro me le parecía. Yo no he tenido ningún problema con la policía. Me tuvieron unos 3 o 4 días y me entregaron al centro de detención de migración en Tacoma. Allí estuve detenido por 6 meses. Me preguntaron si tenía miedo de volver a mi país. Yo dije que sí, y no me deportaron. Porque la verdad es que no puedo volver a mi país. Yo trabajé de cerca con el gobierno en mi país y así son ellos. Si te vas, si has trabajado con ellos y desertas, te conviertes en su enemigo. Te van a buscar. Así que en verdad no puedo regresar.

PHOTO: JUAN

PHOTO: SERVANDO

SERVANDO

This is a picture that has Obama and somebody who is clapping for him. Also, there is someone who is not paying attention to him. Personally, I think it is very difficult to be the president. Nonetheless, he is doing it. I admire him more than any other previous U.S. president. I also admired Ronald Reagan and Bill Clinton. He was a very good president. After his term, he left the country very rich. Then came George Bush, and he spent all the money and transferred all his problems to this guy, Obama. I would like Obama to give us legal documents so we can start working more than just one day at a time, as day laborers. There are times in which we spend a whole week or two without any work.

Ésta es una foto que tiene a Obama y junto hay alguien que está aplaudiéndole. También hay alguien que no le está poniendo atención. Personalmente, creo que es muy difícil ser presidente. Sin embargo él lo está haciendo. Lo admiro más que a ningún otro presidente anterior en los Estados Unidos. Yo admiré a Ronald Reagan y a Bill Clinton. Él fue buen presidente. Después de su término dejó el país muy rico. Después llegó George Bush, y se gastó todo el dinero y le dejó todos los problemas a este tipo, Obama. Me gustaría que Obama nos diera documentos legales para que podamos trabajar más que un día a la vez, como jornaleros. Hay veces que pasamos toda una semana o dos sin conseguir trabajo.

66

Migrants are what the politicians take and use when they find it convenient, and when it's not convenient they kick us out. So the Republicans are like the wind: they move when it's convenient for them and it goes back and forth, and same thing with the Democrats. I don't understand much of that. I would like to understand it better. I don't need the visa or citizenship. If they gave it to me for next week then I would go but if they offer it and it's going to take three years or six years then by the time I get it maybe it'll be to enter legally back into Mexico.

RAMÓN

66

Los migrantes son algo que los políticos toman y usan cuando les conviene, y cuando ya no les conviene los sacan a patadas. Los republicanos son como el viento: se mueven cuando les conviene, van y vienen, y lo mismo con los demócratas. Yo no entiendo mucho de eso, pero me gustaría entenderlo mejor. Yo no necesito la visa o la ciudadanía. Si me la dan para la próxima semana pues voy, pero si me la ofrecen y va a tomar tres o seis años, pues para cuando la tenga ya será para entrar legalmente a México.

PHOTO: BLAS

BLAS

I took that picture downtown because sometimes, with just seeing them, the cars of the Border Patrol, you're afraid. You wish you didn't have to see them because they'll ask you questions, just as a precaution. I took that picture just for the fear I have of seeing them. I was happy to be able to take the picture.

Even if you're not doing anything wrong they are intimidating?

Yes, because they are looking and I don't know if they want to ask you some questions and it's as if they are looking for you. I'm fearful. You have to behave yourself and work honestly so that you don't get into trouble. I would not want to be inside one of those at this time.

Tomé esta foto en el centro porque a veces de solo verlos a los carros de la migra, te da miedo. A veces te da miedo solo verlos. Uno desea no tener que verlos porque te van a hacer preguntas, solo por precaución. Así que por eso es que tomé esa foto, por el miedo que tengo de verlos. Yo estaba feliz de poder tomar esa foto.

¿Así no estés haciendo nada malo, te parecen intimidantes?

Sí, claro, porque están mirando y no sé si te van a querer hacer preguntas y es como si estuvieran buscándote. Me da miedo. Uno tiene que portarse bien y trabajar honestamente para no meterse en problemas. Yo no quisiera estar en uno de esos carros en este momento.

PHOTO: SERVANDO

SERVANDO

This a group talk given by a policeman who talked to us about our rights. However, I don't know what he was doing here, either he was talking or looking for someone. They asked if they could take pictures of us, and we said there was no problem. Since there is no problem with them taking pictures of us, there should be no problem of me taking pictures of him. So I took a picture of him.

Esta charla a un grupo dada por un policía que habló con nosotros acerca de nuestros derechos. Sin embargo, yo no sé lo que estaba haciendo aquí. Creo que estaba buscando a alguien. Nos preguntó si nos importaba si tomaba una foto de nosotros y dijimos que no había problema. Entonces, no debería haber ningún problema que yo tomara fotos de él. Entonces, tomé una foto de él.

PHOTO: GILDA, PHOTO OF PHOTO BY AFP/GETTY IMAGES. USED WITH PERMISSION.

GILDA

There is not a single day that goes by where I do not think about getting my permanent residency. This picture shows how I feel about the service of the immigration and citizenship. I feel that is a very unjust service. It's a service that plays with the life and feelings of human beings . . . It is just politics playing with the feelings of human beings. They hurt you as if you were an enemy, so I am annoyed to think that there is a service that is supposed to be serving the laws and the people. I feel indignation.

No hay un solo día que pase en el que no piense en obtener mi residencia permanente. Esta imagen muestra lo que siento por el servicio de la inmigración y ciudadanía. Siento que es un servicio muy injusto. Es un servicio que juega con la vida y los sentimientos de seres humanos... la política. La inmigración es una política. No es la gente. Es sólo la política que juegan con los sentimientos de los seres humanos. Te lastiman como si fueras un enemigo. Me indigna saber que hay un servicio que supone trabajar con las leyes y ser para la gente. No está respondiendo de esa manera debido a razones burocráticas. Este tema me indigna muchísimo.

MARIA

I was at the bus stop, and the airplane passed by. I remembered that after 20 years of not going to Mexico, in June of last year I went to Mexico. So when I see airplanes I feel like I'm in there going once again, and I start to cry. Every time I see one, I wish I was arriving once again in Mexico. You know what it feels like go to visit family. I now have my residency, thank God, so I am able to go back and see them.

———

Yo estaba en la parada del bus y pasó este avión. Me acordé que después de 20 años de no ir a México, en Junio del año pasado pude ir de vuelta a México. Así que cuando veo aviones siento que estoy allí volando de regreso otra vez, y me pongo a llorar. Cada vez que veo uno, deseo estar llegando otra vez a México. Ahora tengo mi residencia, gracias a Dios, así que puedo volver y visitarlos.

PHOTO: MARIA

PHOTO: VENTURA

VENTURA

If I go back to Guatemala, who knows how it will go? Here, I am undocumented, and there too. My brothers sent me my documents, and I went to the agency. I lacked a consular ID, birth certificate, a passport. I showed them my ID from the college on Broadway, but they didn't give me anything. I went crazy because they wouldn't give me anything. I was very sad, very depressed, abandoned, I lost my backpack, someone stole all of my documents. Recently I called a cousin, I said "Hey, can you send me my documents, I will send you money." So I paid, and now I have a birth certificate again, I was able to recover it and the college ID from Broadway. So that's what I have. Now I need those other two things: the rent, they ask you for a bill, a rent receipt. I don't have any of that because I live on the street, I don't have money to rent a room.

Si regreso a Guatemala, ¿quién sabe cómo será? Aquí soy indocumentado, y en cambio allá también. Mis hermanos me enviaron mis documentos, y yo fui a la agencia. Me faltaba la Identificación Consular, el registro de nacimiento, el pasaporte. Les mostré mi identificación del colegio en Broadway, pero no me dieron nada. Me iba volviendo loco porque no me dieron nada. Estaba muy triste, muy deprimido, abandonado. Perdí mi mochila, alguien se robó todos mis documentos. Hace poco llamé a un primo. Le dije: "Oye, ¿puedes enviarme mis documentos? Yo te mando dinero." Así es que pagué, y ahora tengo mi registro de nacimiento otra vez, lo pude recuperar, y también mi identificación del colegio en Broadway. Eso es lo que tengo ahora. Solo necesito otras dos cosas: algún papel con la renta, y un recibo de servicios públicos. Pero no tengo ninguno de estos porque no pago renta, vivo en la calle. No tengo dinero para rentar un cuarto.

PHOTO: JORGE

JORGE

When they announced there was going to be an immigration reform, we were happy. But when we saw what they offered, well . . . I'm glad that the law will maintain families united, but those of us who have no family, even if we have been here a long time, then we're left out. If I'm not married, I don't qualify. My friend has also never married, and doesn't have kids. And he says: "Once again, we are left out."

Cuando anunciaron que habría una reforma migratoria nos pusimos felices. Pero después vimos lo que ofrecieron y, bueno, me gusta que la ley va a mantener las familias unidas, pero para los que no tenemos familia, aún si hemos estado aquí mucho tiempo, nos quedamos por fuera. Si no estoy casado no califico. Mi amigo tampoco se ha casado, no tiene hijos, y dice: "Otra vez, nos quedamos por fuera."

PHOTO: BLAS

BLAS

This picture is at a march on Martin Luther King Day. We went on a march for everybody. So many black people have been attacked recently by the police. They have been killed in other states and so we went on that march to keep them company. We're part of them too, we march in solidarity with them because immigrants also get beaten up. I really liked this picture because when we were in front, I thought that maybe we were few. But then I looked back and I saw how many people were behind us. So then I raised my arm and took that picture. A lot of people came to protest against violence against blacks and everybody. It's for everybody. We are all human.

Esta foto es una marcha en el día de Martin Luther King. Fuimos a una marcha para todo el mundo. ¡Tántas personas negras que han sido atacadas recientemente por la policía! Han muerto en otros estados, y nosotros fuimos a esa marcha para acompañarlos. Somos parte de ellos también, marchamos en solidaridad con ellos, porque a los migrantes también los golpea la policía. Me gustó esta foto porque cuando yo estaba adelante creí que éramos pocos. Pero después miré atrás y vi cuántas personas había detrás de nosotros. Así que alzé mi brazo y tomé esa foto. Muchas personas vinieron a protestar la violencia contra los negros y contra todos. La marcha es por todos. Todos somos seres humanos.

66 **The march is important so that the government can listen to us. What we want is to work honestly, to bring our bread home for our families, be it here or away, to send some money to the family in Mexico or wherever they are. And each one, each head is a whole world and we're all thinking about the same thing. We are all thinking about work."**

BLAS

66 *La marcha es importante para que el gobierno pueda escucharnos. Lo que nosotros queremos es trabajar honestamente, traer a casa el pan para nuestras families, ya sea aquí o en nuestro país, poder mandar dinero a la familia en México o donde sea que estén. Y cada uno, cada cabeza es un mundo entero, y todos estamos pensando la misma cosa. Todos estamos pensando en el trabajo."*

BLAS

These are four women, all from Casa Latina, at the Martin Luther King Day March . . . They are all holding hands together, the four of them, like struggling together. It was a nice picture, as part of the march and in solidarity. That made me proud of my colleagues here at Casa Latina, with their strong will, that we can all keep on moving forward together.

Estas son cuatro mujeres, todas lideresas de Casa Latina, en la marcha del día de Martin Luther King. Están tomadas de las manos, las cuatro, como luchando juntas. Es una bonita imagen, como parte de la marcha y en solidaridad. Eso me hizo orgulloso de mis colegas aquí en Casa Latina, con su voluntad fuerte, que podemos seguir avanzando hacia adelante todos juntos.

PHOTO: JUAN

JUAN

This march was on Martin Luther King Day. There have been other marches that I have participated in. And I like to be active, to let it be known who I am. I also participated in the march in 2006, and last year, when I was detained in the immigration detention center in Tacoma, I participated in the hunger strike. I share what some of the leaders here at Casa Latina say: "We have to be part of the battle for the rights of Hispanics." It's not just about me. It's for the others too. Maybe I won't get what I want individually. I have to participate in the march even if I don't get a direct benefit. Maybe in 20 years or 30 years, other Hispanics will benefit from these changes.

Esta marcha fue el día de Martin Luther King. Ha habido muchas otras marchas en las que he participado. Me gusta ser activo, que se sepa quién soy yo. Yo también participé en la marcha del 2006, y el año pasado, cuando estuve detenido en el centro de detención de inmigración en Tacoma, participé en la huelga de hambre. Yo comparto lo que dicen algunos de los líderes aquí en Casa Latina: "Tenemos que ser parte de la batalla por los derechos de los hispanos." No es solo sobre mi, es por los otros también. Tal vez no voy a conseguir lo que busco individualmente, pero tengo que participar en la marcha aun si no me beneficio directamente. Tal vez en 20 o 30 años, otros hispanos se puedan beneficiar de estos cambios.

PHOTO: GILDA

GILDA

I advocate for the rights of immigrants in this country. I travel around the country to do demonstrations, marches and carry the voice of the people with whom I work. I'm in the same situation as many of them. Why do I do this? I have the strength to keep on struggling for myself and my own rights. It is not the same to be fighting for immigrants if you are in the same situation. For this reason, you will fight harder.

En mi trabajo, yo abogo por los derechos de los inmigrantes en este país. Viajo por todo el país para hacer manifestaciones, marchas y llevar la voz de las personas con las que yo trabajo. Además, yo soy parte de esa misma situación. Estoy en una circunstancia similar que no es diferente de la de otras personas. ¿Por qué lo hago de esta manera? Lo hago porque tengo fuerza para seguir luchando por mí misma y por mis propios derechos. No es lo mismo estar en el otro lado cuando luchas por los inmigrantes, si te encuentras en la misma situación. Por esta razón precisa, se lucha con más fuerza.

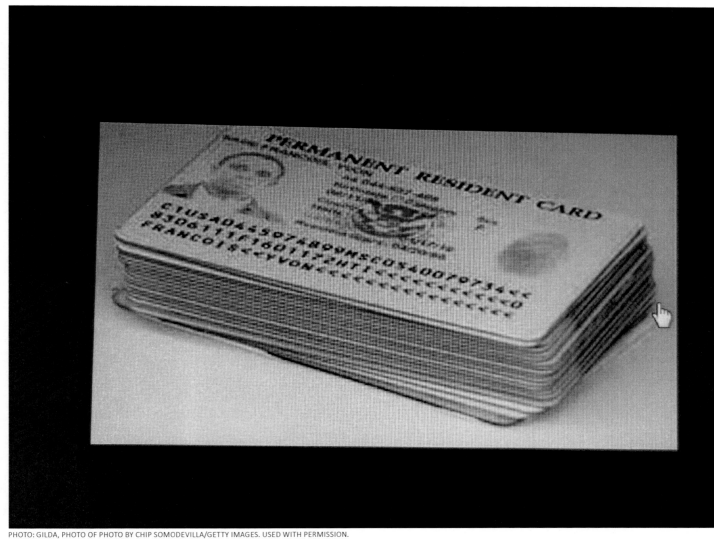

PHOTO: GILDA, PHOTO OF PHOTO BY CHIP SOMODEVILLA/GETTY IMAGES. USED WITH PERMISSION.

GILDA

About 15 years ago, I came into the country with a tourist visa. I am now able to work because I have a work permit. Somebody was helping me with my legal documentation for residency but it turned out he was a fraud. I am now again doing the paperwork. This is why I cannot leave the country, I would not be able to come back in.

Hace como 15 años entré al país con una visa de turista. Ahora me puedo quedar porque tengo permiso de trabajo. Alguien me estaba ayudando con los documentos para mi residencia pero resultó siendo un fraude, y estoy otra vez comenzando a hacer mis papeles. No me puedo ir del país, porque no podría volver a entrar.

BLAS

I took those pictures at the Court House. That represents justice for me, that this guy is being taken away. You know, there are people who come here and rather than trying to work and to help their family, they come to hurt others and to damage others or their family or friends. Those are people who come to take away other people's dreams. I took those pictures because they took that person who had done something wrong and they are putting him away and locking him up.

This person killed a friend of ours, here from Casa Latina, to rob him maybe a bit of money. He and another person, they killed him. The other person was not caught but this one was caught. So he's the one who killed our friend Alvaro Reyes. And so we went to his trial and to his sentencing. They put him away for ten and a half years; for me, that's too little, they should have given him 20 or 25 years.

PHOTO: BLAS

Yo tomé esas fotos en la Corte. Para mi, eso representa la justicia. Ver a ese hombre que se lo están llevando. Sabes cómo hay personas que vienen aquí y no es para trabajar y ayudar a sus familias, sino que vienen a hacer daño a otros y a sus familias y amigos. Esas son las personas que vienen para llevarse los sueños de los otros. Yo tomé estas fotos porque se llevaron a esa persona que había hecho algo malo, y se lo están llevando a encerrarlo. Esas son imágenes muy fuertes.

Esta es una persona que mató a un amigo nuestro, uno de nuestros amigos aquí de Casa Latina, para robarle tal vez un poquito de dinero. Así que él fue quien mató a nuestro amigo Alvaro Reyes. El fue quien lo mató. Así que fuimos a su juicio y a ver cómo lo sentenciaban, y por cuánto tiempo lo iban a guardar. Y lo guardaron por diez años y medio; para mí eso es muy poco, han debido darle unos 20 o 25 años. Pero solo le dieron diez años y medio. Así es que por eso tomé esta foto, y estaba feliz que lo estaban llevando ahí amarrado.

PHOTO: JORGE

JORGE

What I want to say with this picture is that here in the United States I learned that there are laws that are clear. If you break the law, you have to pay. This is a sign when you get on the light rail, and if they catch you without having paid the ticket it's $125 fine. There is no way out of it. I like that it works this way not just for me but for everybody.

Lo que quiero de tratar de decir con esta foto es que en los Estados Unidos yo aprendí que hay leyes están más delineadas. Se siguen las reglas. Yo me di cuenta que la ley es la ley. Este es un aviso cuando te subes al tren y si te agarran sin haber pagado la multa es de $125. Ni modo. Y es así para todos, no solo para mí.

LIFE IN THE TERRITORY

Cali and Bahía Málaga, Colombia

PAISA *(Siloé)*

The truth is that the situation has not been easy, the police claim to be the owner of these lands but they aren't, the real owner died a long time ago. We have managed to say no and no, to make them know this is ours, this land belongs to the community. We have been fighting for this for the past 16 or 17 years.

La verdad es que la situación ha sido bastante complicada, nosotros aquí hemos tenido bastantes problemas con grupos de la policía que ellos dicen ser los dueños de eso, pero ellos no son los dueños en sí de esto, el dueño de esto hace mucho tiempo se murió. De todo el terreno. Nosotros hemos logrado decirles que no y que no, que esto no es de ellos, es de la comunidad. Nosotros hemos luchado mucho por esto, hace 16, 17 años venimos peleando bastante por esto.

PHOTO: D. GÓMEZ

PAISA *(Siloé)*

We have had a lot of fights with the police because they came in a very rude way to damage two machines that we had working. Because of their rudeness, we brought another 10 machines. This is a community natural park, it doesn't have an owner. The police and the government are not owners of this park, neither is any person, this is for everyone. From the little ones to the oldest. There have been some grandparents coming to do exercise down here.

Hemos tenido bastante enfrentamiento con el escuadrón de los carabineros, porque ellos vinieron atrevidamente a tumbarnos dos máquinas que había, entonces esas dos máquinas, como ellos se pusieron de groseritos, nosotros las convertimos como en 10. Y fuera de eso, lo que falta por convertirle, porque esto es un parque natural de la comunidad, esto no es de nadie, esto no es de la policía ni del gobierno, ni de fulano ni de perencejo, esto es de todos, desde el más pequeño hasta el más anciano; ahorita hay un grupo de la tercera edad que vienen a hacer ejercicios acá.

PHOTO: R. GÓMEZ

FERNEY *(Bahía Málaga)*

Today in Málaga, a lot of people have left and gone to Buenaventura because they have full-time electricity and they might offer better opportunities. But the truth is there is a systematic abandonment of the rural areas by the national government.

Hoy en Málaga, la población que tenemos está menguada por encima de un 10% con respecto a los años 90, ya que muchos se nos han ido a Buenaventura. Porque, el modelo dice que en Buenaventura hay energía permanente y que allá puede haber mejores posibilidades, por efecto de que hay una especie de abandono sistemático de los gobiernos departamentales y nacionales hacía los contextos rurales.

RIGHT PHOTO: S. VANNINI; LEFT PHOTOS: R. GÓMEZ

YOLIMA *(Buenavista)*

The armed conflict is what has damaged our way of living in the coutryside. That is the reason why I'm here, it is not because I like it but I had to come because of the armed conflict. My dad and my two brothers were its victims. It is a story of much pain, things we carry inside, so for that reason I'm here, and I have to make do with what I have, so that my kids don't have the same fate as my dad and my two brothers.

Por lo del conflicto armado se nos ha dañado la forma de vivir en el campo. Es por esa situación que me encuentro yo acá, así sea que no esté a mi gusto, pero me tocó por el conflicto armado, de que fueran víctimas mi papá y mis 2 hermanos. Son historias de mucho dolor, son cosas que uno tiene adentro, entonces por esos motivos estoy yo acá, y me ha tocado conformarme como estoy, para que mis hijos no se lleven lo mismo que le pasó a mi papá y a mis hermanos.

2.9

Nature, art and beauty

Naturaleza, arte y belleza

PHOTO: LOURDES

LOURDES

In Tijuana, where I grew up, my parents would never let us paint graffiti, but there were many mural paintings. I thought only the people of Tijuana expressed themselves in murals. But I see them a lot near Casa Latina. Murals are an expression of youth asking for something. They want to demonstrate and show themselves.

———

En Tijuana, donde crecí, mis padres nunca nos ha brían dejado pintar fraffiti, pero allá había muchas pinturas murales. Yo pensaba que solo las personas de Tijuana se expresaban en murales. Pero los veo mucho cerca de Casa Latina. Los murales son una expresión de los jóvenes pidiendo algo. Quieren demostrar algo y mostrarse.

307

NATURE, ART AND BEAUTY

Beauty is an important human value. Beauty is part of the life of our participants, expressed in different forms through in their love for art and nature.

A painting, a photo, playing music, are all expressions of participants' identities and search for happiness. Art connects them to their roots, is an expression of their passions, evokes other places (their journeys, theirs homes) and permits them to briefly escape their worries. In the same way, nature represents a point of contact with participants' origins and identity, nature is home and where the community finds their well-being, nature is the expression of God and the spiritual being.

Art and nature — the right to enjoy them, and communicate through them — become instruments to advocate for participants' rights to improve their lives and, ultimately, find happiness.

NATURALEZA, ARTE Y BELLEZA

La belleza es un valor humano importante. La belleza es parte de la vida de los participantes en Fotohistorias, y se expresa de diferentes formas en su amor al arte y la naturaleza.

Una pintura, una foto, la música, todas son expresiones artísticas de la identidad de los participantes, de su búsqueda de la felicidad. El arte los conecta con sus raíces, expresa sus pasiones, les recuerda otros lugares (y sus trayectorias, sus hogares), y les permite escapar, así sea momentáneamente, de sus preocupaciones. De la misma manera, la naturaleza representa un punto de contacto con los lugares de origen y la identidad de los participantes. La naturaleza es el hogar y el lugar donde la comunidad encuentra bienestar. La naturaleza es la expresión de Dios y del mundo espiritual.

Arte y naturaleza, el derecho a gozarlos y comunicarse a través de ellos, se convierten en instrumentos que defienden los derechos de los migrantes para mejorar sus vidas, y en últimas, encontrar la felicidad.

LIFE IN THE NORTH

Seattle, Washington

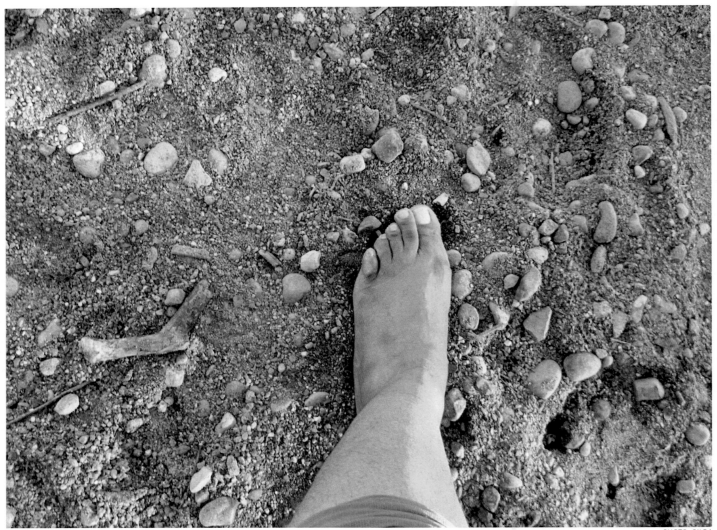

PHOTO: GILDA

GILDA

I wanted to smell the sand and the beach. I wanted to connect to that smell of the water, so I took my shoes and socks off because I wanted to put my feet on the sand and connect with the sand. I used to do this in my village. I felt that I was receiving all the energy of the sand.

For a moment, I felt like I was free. It's as if I was going back to the past, to how I was before I came to the U.S. When I take my shoes off and walk on the sand, I feel freedom.

Yo quería oler la arena y la playa. Quería conectarme con el olor del agua, así que me quité los zapatos y las medias porque quería poner mis pies en la arena y conectar con la arena. Yo hacía esto en mi pueblo. Sentía que estaba recibiendo toda la energía de la arena.

Por un momento me sentí libre. Es como si hubiera regresado al pasado, a como era yo antes de venir a los Estados Unidos. Cuando me quito los zapatos y camino en la arena siento libertad.

PHOTO: BEATRIZ

BEATRIZ

The photo is of water . . . every time I feel very stressed and lonely, I sit and look out to the ocean. I like to see the seagulls and the ducks.

Sometimes when I am very confused, to clear my mind I go watch the water. I have very few people to talk with. But after watching the water I leave with a whole new mentality, with other thoughts, a different feeling . . .

La foto es del agua. Cada vez que me siento estresada y sola me siento y miro hacia el mar. Me gusta ver las gaviotas y los patos.

A veces cuando estoy muy confundida, para despejar mi mente voy a mirar el agua. Tengo muy pocas personas con quienes hablar. Pero después de mirar el agua me voy con una mentalidad completamente nueva, con otros pensamientos, son una sensación diferente.

RAMÓN

Nature for me is the expression of something that you don't see. You cannot see God but these things are an expression of God. God made them, but these are expressions of what you cannot see. You cannot see the seed and you do not see how this flower blooms but you see the result. For me that is the meaning of nature. Nature just fulfills a duty and it has to yield flowers and fruit even if it's the last thing it'll do. This is the time of year when it has to bloom and it blooms. And after that follows the fruit. This plant is almost dead but it has to fulfill its duty of yielding fruit. So the plant wants to leave its seed to survive more. It is the survival of the plant to leave its seed, but at the same time, it's just pretty. It's pretty to look at the flower.

PHOTO: RAMÓN

La naturaleza es para mí la expresión de algo que no se ve. No se puede ver a Dios pero estas cosas son una expresión de Dios. Dios las hizo, pero son expresiones de algo que no se ve. No se puede ver la semilla, y no se ve cómo florece esta flor, pero se ve el resultado. Para mi ese es el significado de la naturaleza, que sólo cumple con su deber y dar frutos y flores, aun cuando sea lo último que haga. Éste es el tiempo del año en que tiene que florecer, y florece. Y después viene el fruto. Ésta planta está casi muerta pero tiene que cumplir su tarea de dar fruto. La planta quiere dejar su semilla para sobrevivir más. Ésta es la sobrevivencia de la planta para dejar su semilla, pero al mismo tiempo, es simplemente algo que es bonito. Es bonito solo mirar la flor.

"This landscape brings me memories of the peaceful place I used to live in. You desire to be there in that tranquility, no noise from anything, only the roosters, the dogs barking, the chickens cackling, the sheep, the cows, the burros … "

MARIA

Este paisaje me trae recuerdos del lugar pacífico en el que yo vivía. Uno desea estar allí en esa tranquilidad, sin ningún ruido de nada, solo los gallos, los perros ladrando, las gallinas, las ovejas, las vacas, los burros …"

SERVANDO

There are some pictures of shining. Those are signals in the sky. This is the kind of sunset over the Puget Sound. Yes, those are very bright lights. Here, I like seeing the reflections on the side . . .

———

Estas son fotos de un brillo. Son como señales del cielo. Es un atardecer en el Puget Sound, y son luces muy brillantes. Aquí me gusta ver los reflejos por el lado . . .

PHOTO: SERVANDO

CARLOS

I am playing my guitar there. I like playing the guitar. There's another friend who also plays the guitar. The guitar is company, I practice and I play it.

———

Yo estoy tocando guitarra aquí. Me gusta tocar la guitarra. También tengo otro amigo que toca guitarra. La guitarra es compañía. Practico la guitarra, y la toco.

PHOTO: CARLOS

PHOTO: GILDA

GILDA

What attracted me to this picture is that somebody will look at this picture and won't see anything. For me, it has a very important meaning because the tree is trying to submerge its roots. From here, you do not see how the roots are interrelated until they come out to the surface. When I saw the tree and the roots, I told myself, "WOW, I identify myself with that tree because I feel that I can also grow roots and I can maintain these solid roots."

———

Lo que me atrajo a esta foto es que alguien puede ver esta imagen y no ve nada. Para mí tiene un sentido muy importante porque el árbol está tratando de sumergir sus raíces. Desde aquí no se ve cómo las raíces están todas interrelacionadas hasta que salen a la superficie. Cuando yo vi el árbol y sus raíces me dije: "Wow, me identifico con ese árbol porque siento que también puedo tener raíces que crecen y puedo mantener esas raíces muy sólidas."

PHOTO: LOURDES

LOURDES

I like the way the light color covers it all as a sheet. This is how pretty nature is. We come from a country where it is very hot. In Tijuana, there is no snow. When my sister came, there was a snowfall. They had never seen snow. Never! It was nice to see their reaction. Here, I learned to appreciate the snow more because people from other places enjoy it a lot. I can show you how all those dark, grey and black cars were covered in white.

———

Me gusta cómo el color claro lo cubre todo como una sábana. Así es de bonita la naturaleza. Venimos de un país que es muy caliente. En Tijuana no hay nieve. Cuando vino mi hermana cayó nieve. Ella nunca había visto la nieve. ¡Nunca! Fue bonito ver su reacción. Aquí aprendí a apreciar la nieve más porque a las personas que vienen de otras partes les gusta mucho. Yo te puedo mostrar cómo todos esos carros oscuros, negros y grises, estaban cubiertos de nieve.

JIMMY

This picture is like an artistic painting. It's like something that's moved and it is really beautiful because you see it's like a color that is spread out, painted. It's like a landscape. A very abstract painting.

––––––––

Esta foto es como una pintura artística. Es como algo que está movido y es muy hermosa porque la ves y es como un color que está derramado, esparcido. Es como una pintura muy abstracta de un paisaje.

PHOTO: JIMMY

SERVANDO

This is my art. These are Italian paintings I buy at Goodwill. I think of all the time that someone spent making this art that ends up selling so cheap. I buy it and keep it. I collect art. I also collect pennies.

––––––––

Ése es mi arte. Son pinturas italianas que compro en Goodwill. Pienso en todo el tiempo que alguien pasó haciendo este arte que termina vendiéndose tan barato. Yo lo compro y lo guardo. Colecciono arte, y también monedas de un centavo.

PHOTO: SERVANDO

PHOTO: RAMÓN

RAMÓN

I'm learning photography. I admire other photographers except me. I'm not a good photographer but I admire good photographers and good painters like da Vinci, and Botero, and that crazy one Dali. Before, I would look at the pictures I took and I would not like them. And so I thought, "These other photographers, how do they do it?"

———

Estoy aprendiendo fotografía. Admiro a otros fotógrafos, menos a mi. Yo no soy buen fotógrafo, pero admiro a los buenos fotógrafos y buenos pintores como da Vinci, Botero, y ese loco de Dalí. Antes yo miraba las fotos que tomaba y no me gustaban. Así que pensaba: "estos otros fotógrafos, ¿cómo lo hacen?"

PHOTO: "PEDRO INFANTE"

'PEDRO INFANTE'

That is in the park where I play dominoes. People feed the birds there. I'm not drinking, so I have to look for something to do. We all do something different. Instead of drinking, I have found something to do.

———

Éste es un parque donde juego dominó. Las personas dan de comer a las palomas allí. No estoy bebiendo, así que tengo que buscar algo qué hacer. Todos hacemos algo diferente. En lugar de beber, encontré algo qué hacer.

MARIA

I felt like taking this photo that evening that I was eating for the first time at a buffet in the casino. In Mexico, when would you ever eat these luxury foods? Well, every once in a while you have to treat yourself.

———

Me dieron ganas de tomar esta foto esa noche que estaba comiendo por primera vez en un buffet en el casino. En México quién iba a creer que iba a comer estas comidas de lujo? De vez en cuando hay que darse un gusto.

PHOTO: MARIA

RAMÓN

In Mexico we say that we laugh at death. We draw it and paint it and make fun of death. I think everybody is afraid of death. Well, maybe not everybody. When you are young you are scared of death, but me, I'm old and I'm not scared. I see it as very normal that one day we all have to die. So death for me is a reason to make art.

———————

En México decimos que nos reímos de la muerte. la dibujamos y la pintamos y nos burlamos de la muerte. Creo que todo el mundo tiene miedo a la muerte. Bueno, no todos. Cuando eres jóven le tienes miedo a la muerte, pero yo ya estoy viejo y no le tengo miedo. Veo la muerte como algo normal, un día todos vamos a morir. La muerte es una razón para hacer arte.

PHOTO: RAMÓN

I also like to write. I want to be a writer.

What do you write about?

I write about things I remember. Past loves, things about life, situations I've lived, memories of my childhood. I used to delete them all, but now I keep them. I also used to write by hand on a paper pad when I did not have a computer.

RAMÓN

A mi también me gusta escribir. Quisiera ser escritor.

¿Y sobre qué escribe?

Escribo sobre cosas que recuerdo. Amores pasados, cosas sobre la vida, situaciones que he vivido, recuerdos de mi infancia. Yo lo borraba todo, pero ahora lo guardo. Antes escribía a mano en un cuaderno, cuando no tenía computadora.

PHOTO: RAMÓN

RAMÓN

I'm learning photography. This is a picture of a landscape with a cactus by a guy who is a writer from my homeland, from Jalisco.

———

Estoy aprendiendo fotografía. Esta foto es de un paisaje con un cactus, tomada por un un hombre que es escritor allá en mi tierra, en Jalisco.

LIFE IN THE TERRITORY

Cali and Bahía Málaga, Colombia

PHOTO: D. GÓMEZ

ROCÍO *(Siloé)*

We talk to the kids, sometimes they listen. If not, we talk with their moms. We are trying to teach them that this park is for them. They get the message, if they destroy this park there will be no place to play. These kids are not rude, they get it. They take care of the park but sometimes they make some little damages.

Nosotros les hablamos y ellos a veces nos hacen caso y a veces no, entonces uno habla con las mamás. Pues nosotros lo que más tratamos de inculcarles es que el parque es para ellos. Entonces que no lo destruyan porque si lo destruyen se van a quedar sin donde jugar. Entonces ellos como que captan, ellos son todos niños pero ellos no son arrebatados ni groseros, ellos como que captan. Y sin embargo cuando los vemos así pues "¡hablen, hablen!" y entonces ellos ahí mismo se van. Pero como a toda hora uno los mantiene vigilando. Ellos cuidan y dañan pero, pero lo que dañan pues no es mucho.

PHOTO: S. VANNINI

PAISA *(Siloé)*

People come here to do sports and weight-lifting. Everything here has been given by someone. They tell us "take this," especially from "Nueva Luz" foundation. For example, there was a German guy who came here to visit and gave us tubes and netting for the goalposts.

Si, ellos vienen aquí a hacer deporte, a levantar pesas. Todo lo que usted ve acá es porque nos lo han regalado, nos lo regalan o nos dicen "arrime por un bultico de cemento, arrime por unas hojas." De mano de la Fundación Nueva Luz que es la de David. Entonces, por parte de él, nos ha traído mucho visitante y nos obsequian. Por lo menos vino un Alemán y nos regaló lo de la tubería para la malla, porque la malla nos la regalaron por allá en otra parte pero sin tubos, y él nos la regaló para los arcos y para la malla.

PHOTO: R. GÓMEZ

MARCO ANTONIO *(Buenavista)*

Here we see me with the city of Cali, the Council House, the store where you buy your things every day, and the soccer field. I go in the morning to do my recycling work, and when I come back I think they must be playing soccer already. And if they are not, I look for my friends to play.

Aquí está la ciudad, la casa del cabildo, la tienda donde uno viene a comprar todos los días, la vendedora que uno identifica, y la cancha . . . Yo me voy por la mañana a reciclar, entonces cuando vengo aquí ya deben estar jugando fútbol, y si no hay nadie, entonces yo invito a mis amigos para ir a jugar.

PHOTOS: L.F. BARON

JORGE *(Buenavista)*

This is the park quere the community lives, this is where kids come to play, and we adults sometimes come to chat. The little forest there is what gives us air, it makes us fresh, it is the lung of the park. This means a lot to me, because the forest is life, it is our oxygen. We are peasants, and if you come from the countryside you are surrounded by forests, nature is what gives us identity. Being surrounded by a forest is the greatest thing we can have.

———

Este es el parque, donde la comunidad está, donde los niños vienen y juegan, nosotros los adultos a ratos venimos y compartimos alguna charla. Y el bosquecito allá, es el que nos da el aire, nos da la frescura, es el pulmón del parque. Para mi representa mucho eso, porque el bosque es vida, es el oxígeno de nosotros. Como campesinos que somos, pues uno viene del campo, y en el campo uno está rodeado de bosques, la naturaleza es la identidad de uno. Estar rodeados de un bosque es lo máximo que podemos tener.

LUZ MARINA *(Buenavista)*

One also comes with a boyfriend or girlfriend, if you don't have a wife you find a girlfriend there. In the countryside there are also trees, we grow fruits, that is the culture that we have.

———

Uno también viene con los novios, los que no tienen mujer consiguen novia ahí. En el campo también hay árboles, uno siembra frutas, esa es la cultura que nosotros tenemos.

PORFIRIO *(Bahía Málaga)*

It is true that there is poverty here, but there is also tranquility and beauty.

———

Es cierto que aquí hay pobreza, pero aquí hay tranquilidad y belleza.

PHOTO: S. VANNINI

TOP PHOTO: R. GOMEZ; BOTTOM PHOTO: S. VANNINI

TOP PHOTO: L. ZÚÑIGA; BOTTOM PHOTO: R. GOMEZ

‖‖‖‖‖
LIFE AT THE BORDER

Nogales, Mexico

PHOTO: CHAPIN

CHAPIN

This is the basketball court. . .something that I'm a very big fan of. I play a lot of basketball. In Guatemala, I would wake up really early and play basketball. And then I would come back in the afternoon and play. Basketball was my passion.

RICARDO: So you see this basketball court and . . . ?

CHAPIN: I see it and it just gives me anxiety because I don't have a basketball. I've asked for one [at the shelter] and they don't have one. And so I'm very anxious. I haven't played basketball for a month and I would like to play it again here. But I don't have a ball. My feet are itchy. I want to play but I cannot do it. So that's why I took that picture.

Ésta es la cancha de básquet, es algo de lo que soy fanático. Juego mucho basquetbol. En Guatemala me levantaba muy temprano a jugar básquet, y cuando regresaba en la tarde jugaba otra vez. El basquetbol era mi pasión.

RICARDO: *Entonces, ¿qué piensas al ver esta cancha de básquet?*

CHAPIN: *La veo y me da ansiedad porque no tengo una pelota. Pregunté en el albergue a ver si tienen, y no tienen. Así que estoy muy ansioso. No he jugado básquet por más de un mes, y me gustaría jugar otra vez aquí, pero no tengo pelota. Como que me pican los pies con las ganas de jugar, y no puedo. Por eso tomé esta foto de la cancha de básquet.*

LUPE

This makes me think of my village. It's not like this but it still has trees, and houses so it just makes me think of that. The first picture is through the window, then I went outside and took the same picture from the outside, without the window. I like this because it gives me a sense of peace, I can breathe the peace of this landscape.

———

Esto me hace pensar en mi pueblo. No es así pero también tiene árboles, y casas así, por eso me hace pensar en eso. La primera es a través de la ventana, y después salí y tomé la misma foto pero desde afuera, sin la ventana. Me gusta porque me da una sensación de paz, puedo respirar paz con este paisaje.

PHOTOS: LUPE

3

Fotohistorias and Lessons of Participatory Photography

Fotohistorias y Lecciones de la Fotografía Participativa

3.1   **RESEARCH METHODS**
Métodos de investigación

3.2   **FEEDBACK AND REFLECTIONS FROM PARTICIPANTS**
Retroalimentación y reflexiones de participantes

3.1

Research methods

Métodos de investigación

Participatory photography is a method where participants take or bring photos into an interview, and then comment and share about them with the interviewer. Along with a wider range of visual methods, participatory photography has been extensively used in studies with marginalized populations, and is renowned for it allows the interviewer (and the reader) to have a deeper understanding on a topic that they do not have direct experience with, to gather a different view on a topic if compared to methods that rely only on observation and verbal communication. Participatory photography also helps to empower participants, as they can have more control on the research and interview processes. In this book, we used Fotohistorias as a means to empower migrants by giving them a voice to speak for themselves, and as a way to tell their stories in a concrete and powerful way.

———

La fotografía participativa ofrece un método en el que los y las participantes toman fotos y las traen a una entrevista, en la que comparten comentarios sobre las fotos tomadas con el entrevistador/a. Junto con una amplia gama de métodos visuales, la fotografía participativa ha sido usada en muchos contextos con poblaciones marginadas. Se conoce como una metodología que permite a los entrevistadores/as y lectores/as llegar a una comprensión más profunda sobre un tema, especialmente al compararlo con otros métodos que se basan solamente en observación y en comunicación verbal. La fotografía participativa también ayuda a empoderar a los/ las participantes, ya que tienen más control sobre el proceso de investigación y de la entrevista. En este libro usamos Fotohistorias como una herramienta para empoderar a los/las migrantes, dándoles una voz para expresarse por sí mismos, y como manera para contar sus historias de una forma concreta y poderosa.

Benefits of the
Fotohistorias method

The Fotohistorias method has contributed to empowering participants, opening the doors to unique insights and experiences from them. Four main benefits of the method were identified:

1 Participants are prompted to reflect and speak out on their experiences, to have an opinion about it that is expressed and listened to. Fotohistorias participants frequently feel empowered, heard and valued, and gain a new perspective and agency;

2 Participants are not subjected to external decisions on what they should say and should silence, but they have the power to decide what they want to bring into the conversation. This changes the relations of power between interviewers and participants and allows for eliciting details without subjecting participants to an authoritarian approach. Also, pictures are an incredibly inclusive tool for participants of different age and abilities;

3 Working with photos allows challenging both researchers' mind-sets to seek pre-conceived replies, as well as the participants' one to meet the researchers' expectations. Multiple perspectives are evoked from the same image, emphasizing how people's perceptions shape meanings. This results in more concrete and deeper discussions, facilitating our exploration of the values and beliefs;

4 Fotohistorias combines the power of images and the richness of stories. Together, they yield more depth and sensitivity than either photos or interviews alone.

Beneficios de la
metodología Fotohistorias

La metodología de Fotohistorias ayuda a empoderar a los participantes, abriendo el camino a experiencias e intuiciones profundas. Identificamos cuatro beneficios principales de la metodología Fotohistorias:

1 Los/as participantes son invitadas a reflexionar y compartir sus experiencias, a tener una opinión que es expresada y escuchada. Los participantes con frecuencia se sienten empoderados, escuchados y valorados, y ganan una nueva perspectiva y sentido de control.

2 Las/os participantes no están sujetas a decisiones externas sobre qué decir o qué callar, y más bien tienen el poder de decidir qué quieren contribuir a la conversación. Esto cambia las relaciones de poder entre los entrevistadores y entrevistados, y ayuda a explorar detalles sin someter a los participantes a una relación de tipo autoritario. Además, las fotos son una herramienta incluyente para personas de distintas edades y niveles de habilidad.

3 Trabajando con fotos permite cuestionar la mentalidad del investigador que se limita a buscar respuestas preconcebidas, y la mentalidad del entrevistado/a por complacer al investigador/a. Se pueden evocar perspectivas múltiples a partir de una misma imagen, lo cual enfatiza de qué forma las percepciones dan forma a los significados. Esto resulta en discusiones más concretas y más profundas, y facilita la exploración de valores y sistemas de creencias.

4 Fotohistorias combina el poder de las imágenes con la riqueza de las historias. Juntas, llevan a más profundidad y sensibilidad que las fotos o las entrevistas a solas.

The Fotohistorias
approach has four main phases:

1 **Collaboration with local organizations:** Working in partnership with local organizations in each research location, we build on local relationships of trust to invite and encourage voluntary participation.

2 **Photo generation:** Participants are invited to either borrow a basic digital camera or can use their own device for a set time (between a day and a week) and to share photos that represent their experience: their identity and values, their culture, and their everyday life. Participants are also given a few prompts for pictures to take, and are invited not to only follow the prompts,

but to freely express their own personal experience.

During this phase, recommendations were given on our ethical behavior: participants are reminded to ask permission when taking pictures, especially of minors, and not to take pictures that could embarrass or put someone in trouble.

While some participants were more skilled in the use of photo-cameras, some had to learn how to use one: instructions were given them using "Fearless Cards," training cards employed to deliver very basic computer literacy to marginalized social groups (www.fearlesscards.org).

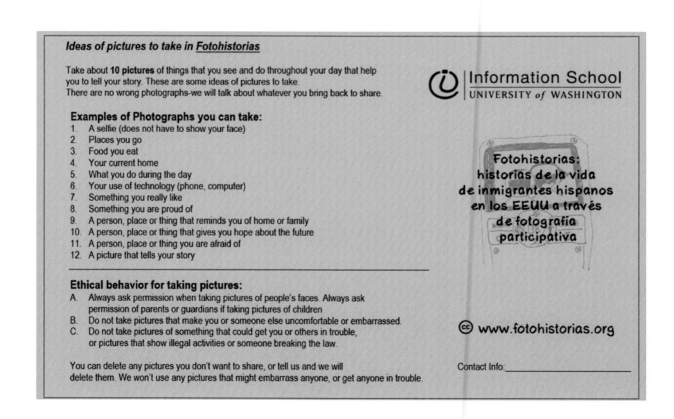

Ideas of pictures to take in Fotohistorias

Take about **10 pictures** of things that you see and do throughout your day that help you to tell your story. These are some ideas of pictures to take.
There are no wrong photographs-we will talk about whatever you bring back to share.

Examples of Photographs you can take:
1.   A selfie (does not have to show your face)
2.   Places you go
3.   Food you eat
4.   Your current home
5.   What you do during the day
6.   Your use of technology (phone, computer)
7.   Something you really like
8.   Something you are proud of
9.   A person, place or thing that reminds you of home or family
10. A person, place or thing that gives you hope about the future
11. A person, place or thing you are afraid of
12. A picture that tells your story

Ethical behavior for taking pictures:
A.   Always ask permission when taking pictures of people's faces. Always ask permission of parents or guardians if taking pictures of children
B.   Do not take pictures that make you or someone else uncomfortable or embarrassed.
C.   Do not take pictures of something that could get you or others in trouble, or pictures that show illegal activities or someone breaking the law.

You can delete any pictures you don't want to share, or tell us and we will delete them. We won't use any pictures that might embarrass anyone, or get anyone in trouble.

Information School
UNIVERSITY *of* WASHINGTON

Fotohistorias:
historias de la vida
de inmigrantes hispanos
en los EEUU a través
de fotografía
participativa

ⓒ www.fotohistorias.org

Contact Info:_____

3 **Conversation on the photos:** Participants bring back their pictures and hold a conversation about them. The pictures that participants have selected for the conversation are displayed on laptop screen, and participants are involved in an open conversation about them, one by one. Question prompts include descriptions of the photos, motivation to take that particular picture, feelings about what is represented, and insights on what is left out of the image. The conversation is recorded, and translated and transcribed. The participant is offered to get some of their pictures printed, or to have them shared by email, text, Facebook, or memory stick.

4 **Analysis and dissemination:** Transcriptions and photos are coded and analyzed in emerging themes using a software package. Representative fragments and photos for each theme are then selected, copy edited for clarity, to be disseminated through talks, exhibitions, our web site (fotohistorias.ischool.uw.edu), academic literature, and this book.

VARIATIONS

While the same Fotohistorias method was used throughout the development of the project, there were small variations in the choice of the technology to be used, in the duration, and in the decision-making process of the photo-generation phase.

Technology: in Nogales all participants were provided with digital cameras by the research team. In Seattle, some participants chose to use their own cell phone as camera, and a few chose to share some of their pictures also from Facebook. In Colombia almost all pictures were taken by the research team as part of the conversation process, while in Siloé these

were complemented with photos from the organization's Flickr site.

Duration: Most participants in Nogales kept the cameras only overnight. In Seattle they kept the cameras for one or two weeks, and in Colombia, we took most pictures on the spot, as part of the conversation process.

Decision-making: in Nogales and Seattle, participants decided which photos to take mostly individually, and they always took the photos before the conversation with the research team happened. In Colombia, participants discussed in small teams and decided which pictures they wanted to take during the conversation with the Fotohistorias team. We then went take them, and talked about them on the spot. In few cases, they first discussed which pictures might have been interesting to take, talked about them, and later in the day took them and briefly corroborated that they represent the conversation that had happened before.

We conducted seven Fotohistorias interviews in Nogales, 15 in Seattle, and 16 in Colombia. All interviews were conducted on site by Spanish-speaking members of the research team between May 2014 and May 2015.

La metrodología de Fotohistorias tiene cuatro etapas:

1 Colaboración con organizaciones locales: Trabajando en colaboración con organizaciones locales en cada lugar, construimos sobre la confianza de lass relaciones locales para invitar y estimular la participación voluntaria de los y las interesados/as.

2 Generación de Fotos: Los/las participantes son invitadas a tomar prestada una cámara digital sencilla o a usar su propio aparato durante un periodo de tiempo (entre un día y una semana), y regrsear a compartir una selección de fotos que representa su experiencia: su identidad y valores, su cultura, y su vida cotidiana. Los participantes reciben una lista con ideas de temas sobre los cuales tomar fotos, aclarando que no se trata sólo de seguir la lista sino de usarla como punto de partida para expresar libremente sus ideas.

Durante esta etapa se les da también una serie de recomendaciones éticas: pedir permiso para tomar fotos, especialmente de menores, y no tomar fotos que puedan causar problemas o ser embarazosas para alguien. Algunos de los participantes sabían cómo usar la cámara, mientras que otros no: para todos/as preparamos unas tarjetas con instrucciones básicas sobre el uso de

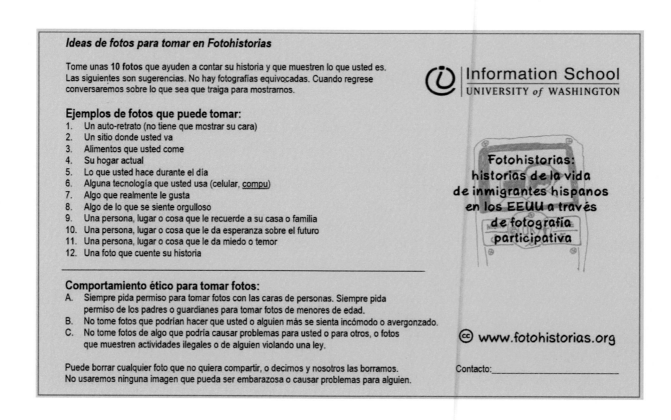

Ideas de fotos para tomar en Fotohistorias

Tome unas **10 fotos** que ayuden a contar su historia y que muestren lo que usted es. Las siguientes son sugerencias. No hay fotografías equivocadas. Cuando regrese conversaremos sobre lo que sea que traiga para mostrarnos.

Ejemplos de fotos que puede tomar:
1. Un auto-retrato (no tiene que mostrar su cara)
2. Un sitio donde usted va
3. Alimentos que usted come
4. Su hogar actual
5. Lo que usted hace durante el día
6. Alguna tecnología que usted usa (celular, compu)
7. Algo que realmente le gusta
8. Algo de lo que se siente orgulloso
9. Una persona, lugar o cosa que le recuerde a su casa o familia
10. Una persona, lugar o cosa que le da esperanza sobre el futuro
11. Una persona, lugar o cosa que le da miedo o temor
12. Una foto que cuente su historia

Comportamiento ético para tomar fotos:
A. Siempre pida permiso para tomar fotos con las caras de personas. Siempre pida permiso de los padres o guardianes para tomar fotos de menores de edad.
B. No tome fotos que podrían hacer que usted o alguien más se sienta incómodo o avergonzado.
C. No tome fotos de algo que podría causar problemas para usted o para otros, o fotos que muestren actividades ilegales o de alguien violando una ley.

Puede borrar cualquier foto que no quiera compartir, o decirnos y nosotros las borramos. No usaremos ninguna imagen que pueda ser embarazosa o causar problemas para alguien.

Information School
UNIVERSITY *of* WASHINGTON

Fotohistorias: historias de la vida de inmigrantes hispanos en los EEUU a través de fotografía participativa

(cc) www.fotohistorias.org

Contacto:_____

la cámara usando la lógica de las "Fearless Cards", unas tarjetas para enseñar uso básico de computadoras para poblaciones marginadas (www.fearlesscards.org).

3 **Conversación sobre las fotos:** Los y las participantes regresan con las fotos y sostenemos una conversación informal con cada uno/a. Las fotos que traen son transferidas a una computadora portátil, y las vamos mirando y comentando, una por una. Usamos preguntas descriptivas sobre las fotos, indagamos sobre las motivaciones que llevaron a tomarlas, sentimientos que evocan, o ideas sobre lo que hace falta en la foto, entre otras preguntas posibles. La conversación es grabada, luego transcrita y traducida. Ofrecemos a cada participante algunas copias impresas de regalo (tenemos una impresora portátil a mano), o compartirlas por email, texto, Facebook, o tarjeta de memoria.

4 **Análisis y diseminación:** Las transcripciones y las fotos son codificadas con la ayuda de un paquete informático en busca de temas emergentes, y luego seleccionamos fragmentos representativos y fotos de cada tema, los editamos para mayor claridad y brevedad, y los incluimos en materiales de diseminación a través de charlas, exhibiciones, sitio web, artículos académicos, y este libro.

VARIACIONES

Aunque usamos la misma metodología de Fotohistorias a lo largo de este proyecto, hubo pequeñas variaciones en la selección de tecnologías usadas, la duración, y en la toma de decisiones sobre las fotos a tomar.

Technología: En Nogales los participantes usaron cámaras prestadas del equipo de investigación, mientras que en Seattle algunos participantes usaron su propio

celular o seleccionaron fotos de su cuenta de Facebook. En Colombia casi todas las fotos fueron tomadas por el equipo de investigación como parte de la conversación, y en Siloé se completaron con fotos de Flickr de la organización local.

Duración: Casi todos los participantes en Nogales tuvieron la cámara de un día para otro, mientras que en Seattle la tuvieron por una o dos semanas. En Colombia tomamos las fotos en cada lugar como parte del proceso de conversación y discusión en cada comunidad.

Toma de decisiones: En Nogales y Seattle los participantes decidieron individualmente cuales fotos incluir, y tomaron las fotos antes de llegar a la entrevista. En Colombia los participantes hablaban en pequeños grupos y decidían qué fotos tomar y nos íbamos a tomarlas, o conversaban sobre fotos tomadas por el equipo de investigación. En algunos casos conversamos sobre las fotos que sería interesante tomar, y luego íbamos más tarde a tomarlas, corroborando después si sí era así que la imaginaban en la conversación.

Hicimos 7 Fotohistorias en Nogales, 15 en Seattle, y 16 en Colombia. Todas las entrevistas fueron hechas en Español entre Mayo del 2014 y Abril del 2015.

3.2

Feedback and reflections from participants

*Retroalimentación y comentarios
de los participantes*

LUPE

I liked not to think, but just focusing on what is happening at this moment in my life: that I'm no longer in detention, I'm not as angry as I was before, when I was in the CCA. That changed me. So I've been thinking about all that. Now I'm free, I can value other things that before I did not reckon as important. Then I look at their smiles, and yes, we all have problems, but we also have to continue, we have to keep on going. When I saw that mountain, the little hill with the houses, I felt peace, tranquility, the inner peace that you need. The pictures are also memories. They give me memories. I don't know if I'll be back in this border town, but I have the memories of being here.

Me gustó no pensar, sino sólo concentrarme en lo que está pasando en este momento de mi vida: que ya no estoy detenida, no estoy tan furiosa como estaba antes, en el CCA. Eso me cambió. Así que he estado pensando sobre todo eso. Ahora estoy libre, y puedo valorar otras cosas que antes no me parecían importantes. Les veo sus sonrisas y pienso, sí, todos tenemos problemas, pero también tenemos que seguir adelante. Cuando vi esa montaña, esa colinita con las casas, sentí paz y tranquilidad, la paz interior que uno necesita. Estas fotos son también memorias. Me dan memorias. No se si estaré otra vez en este pueblo fronterizo, pero ahora tengo las memorias de haber estado aquí.

ARMANDO AND MARIANA

Looking at all these pictures is really nice for me because this is what I live with my kids. I take them to school, and I go pick them up, and sometimes we don't pay attention to those details. Now I don't know what I did yesterday, I forget. This made me pay attention to it. It's good to have memory of what you do in your daily life. Of what you like and gives you the motivation to go on in your daily life. Because that's what we do every day so that the family is more united and happier.

Ver todas estas fotos es muy bonito para mi porque esto es lo que vivo con mis hijos. Los llevo a la escuela, luego voy y los recojo, y a veces uno no pone atención a esos detalles. Ahora no se qué es lo que hice ayer, me olvido. Esto me hizo poner atención. Es bueno tener un recuerdo de lo que uno hace en la vida cotidiana. De lo que te gusta y lo que te da la motivación para seguir adelante en tu vida diaria. orque eso es lo que hacemos todos los días para que la familia esté más unida y más feliz.

CATRACHO

I asked them to take a picture of me because I had been taking many other pictures and I was in none of them. So I asked them to take a picture of me. Being in the picture feels great. Now I will be there for a long time.

There were several cameras there at the shelter. There were several people taking pictures. There was competition amongst us to see who would take better pictures.

It feels really good to take pictures of my friends, we had a good time and we were thinking about other things and taking pictures of each other. It was good to get to meet all the people and get to know them better, the ones that came on the train and the ones who had been deported, we all get to know each other here and we get to know where each one has lived and what experiences each has. Taking pictures helps because we would talk and it would help me see what they think and if they want to go back or if they want to keep trying and now I know that the majority will, the majority wants to go back home and not keep on trying.

Le pedí a mis amigos que me tomaran una foto porque yo había estado tomando fotos y no estaba en ninguna. Así que les pedí que me tomaran una. Estar en esa foto se siente muy bien. Ahora estaré allí por mucho tiempo.

Había varias cámaras en el albergue. Varias personas tomando fotos. Había competencia entre nosotros a ver quién iba a tomar las mejores fotos.

Se siente muy bien tomar fotos de mis amigos, la pasamos bien y estábamos pensando sobre otras cosas y tomándonos fotos unos a los otros. Fue bueno poder encontrarme con todas esas personas y conocerlas un poco mejor, los que vinieron en el tren y los que han sido deportados, todos nos encontramos aquí y nos conocemos y aprendemos de lo que cada uno ha vivido y las experiencias que ha tenido. Tomar las fotos ayuda porque hablamos y me ayuda a ver qué es lo que los otros piensan y si se quieren regresar o si van a seguir intentando, y ahora se que la mayoría se quiere regresar a su casa y no seguir intentando.

CHINO

Oh it was really good. I like the experience of
getting to know places and taking pictures of my
friends and maybe getting to know them better
and maybe take the pictures of all this time that
I was in Nogales with me so I can send them to
my family, and documenting this experience, or
put the pictures in the internet so my relatives can
see them.

*O, fue muy bueno. Me gusta la experiencia de
conocer los sitios y tomar fotos de mis amigos y
tal vez conocerlos un poco mejor, y tal vez tomar
fotos de este tiempo en que estaba en Nogales
y llevarlas conmigo para poderlas mandar a mi
familia. Documentar esta experiencia, o poner las
fotos en internet para que mis familiares las vean.*

CHAVALO

I felt really happy to be the photographer. There
are several people who asked me to take a picture
of them and I took the picture. I did not take much
of the landscape. It's mostly of people because
then when they take you to this other place you
are locked in and you cannot see outside, so these
are the pictures of the friends before we went
inside to the shelter.

*Me sentí muy feliz de ser el fotógrafo. Hay varias
personas que me pidieron tomarles una foto y yo
les tomé la foto. Yo no tomé mucho del paisaje.
Es más que nada gente porque entonces cuando
te llevan a esta otra parte estás encerrado y no
puedes ver afuera, así que estas son fotos de los
amigos antes de que entráramos al albergue.*

CHAPIN

Yes, I've always like this taking pictures, to know that when I'm getting to see new things and new places, that I can take some pictures and that I can share them with my family. And my family can see where I am or with whom I am with, and how things are going.

So this is what I've done in the last day. And I'm happy to take pictures of my day. To know that I can think of every minute, and I want to think my things through, and I like to think before acting.

What I want you to do with this is something about the life of a person based on the pictures. I took these pictures and told you these stories so that other people can learn about how it goes, so I can show others what one can do, and how I can improve myself.

It would be really nice to know that other people are interested in what I do, in what an immigrant does. And I would be interested in knowing what other people have experienced. It's really good to know other stories, to know more about other people, to know what they do, and what has happened to them, and to learn from that.

Si, siempre me gusta esto de tomar fotos, saber que estoy viendo nuevas cosas y nuevos lugares, y puedo compartirlos con mi familia. Y mi familia puede ver dónde estoy y con quién, y cómo me está yendo.

Así que eso es lo que he hecho en éste último día. Y estoy feliz de tomar fotos de mi día. Saber que puedo pensar en cada minuto, y puedo pensar bien las cosas. Me gusta pensar antes de actuar.

Lo que quiero que tú hagas con esto es algo sobre la vida de una persona basado en esas fotos. Yo tomé esas fotos y te conté esas historias para que otras personas puedan saber cómo es la cosa, para mostrarle a otros lo que uno puede hacer, y cómo puedo superarme.

Sería muy bonito saber que otras personas están interesadas en lo que yo hago, en lo que hace un inmigrante. Y me interesaria saber lo que otras personas han vivido. Es bueno conocer otras historas, saber más sobre otras personas, conocer lo que hacern y lo que les ha pasado, y aprender de eso.

MARIA

I think that we have many beautiful things, many things to discuss, but we don't talk about them. Now you gave me an opportunity to talk, share, unburden myself... Yes, because I felt like I was drowning... I felt the necessity to talk with someone, because with my daughters, well, it's different, they don't give so much importance, because they were born here, they were raised here ... It's a different culture.

Creo que tenemos muchas cosas bonitas, muchas cosas para discutir, pero no hablamos de ellas. Ahora que me dieron una oportunidad de hablar, de compartir y de quitarme ese peso de encima ... sí, sentía la necesidad de hablar con alguien, porque con mis hijas, bueno, es diferente, ellas no le dan tanta importancia, porqu ellas nacieron aquí, ellas se criaron aquí, y es una cultura diferente.

LOURDES

Well, it was sad, because of the images that I deleted. I went to the zoo and I deleted the pictures. There was for example a pretty picture at the zoo with my kids, when they go into the spider section and he is very frightened and excited he was learning about spiders. And then I took some other pictures at other places, but unfortunately I deleted them by mistake. And I had taken pictures of the graffiti in my home and there was a guy pulling a cart with his tow truck. He was a Hispanic with another Hispanic, I did want to take their picture and learn about them and how one Latino can come to this country. But imagine, I lost these pictures. But it was a very beautiful experience.

Bueno, es triste, por las imágenes que se me borraron. Yo fui al zoológico y luego borré esas fotos. Había una muy bonita en el zoológico con mis hijos, cuando fueron a la sección de las arañas y estaba muy asustado y muy excitado porque estaba aprendiendo sobre las arañas. Y después tomé otras en otras partes, pero desafortunadamente las borré por error. Y tenía fotos del grafiti en mi casa y había un hombre con su grúa. Era hispano, era otro hispano, y yo le quería tomar una foto y aprender de él y cómo siendo latino vino a este país. Pero imagínese, perdí esas fotos. Pero fue una experiencia muy bonita.

BLAS

And that picture I carry with me all the time and you can see it's torn, but I always carry it. But now I have it digitally. And I didn't remember but then I thought of taking a picture of this picture since I had the camera. So I took that picture. And oh, if one day you make a book of all that I would like to have a copy because then then I would like to have this picture in the book too.

I want to tell you thank you for giving me the opportunity to open my heart and my mind to share what I have. I like to be able to focus on each thing and to talk about the things and how I see things.

Y esa foto la cargo conmigo todo el tiempo y puedes ver que está rota, pero siempre la cargo. Pero ahora la tengo digitalmente. Y no me acordé entonces pero después pensé en tomar una foto de la foto ya que tenía la cámara. Así que tomé la foto. Y, ay, si un día hacen un libro me gustaría tener una copia del libro porque entonces tendría esta foto en el libro también.

Yo quiero decirles gracias por darme la oportunidad de abrir mi corazón y mi mente para compartir lo que tengo. Me gusta poder enfocarme en cada cosa y hablar de las cosas y cómo veo las cosas.

'PEDRO INFANTE'

Yes, all of them, they're all good. He is known to me… He comes here, he helps us, you know? Well he is a person that… I like the way he is, because he gives us a chance to be exposed to many things, because, we can all learn from each other, and I learned from him, like how to take photos, it's my first time I take photos.

Sí, todas, todas son buenas. A él lo conozco, él viene aquí y nos ayuda, ¿sabe?. Bueno, es una persona que, me gusta cómo es, porque nos da la oportunidad de aprender muchas cosas, porque podemos aprender unos de otros, y yo aprendí de él, por ejemplo, cómo tomar fotos. Es mi primera vez que tomo fotos.

PACHITA

Yes, seeing this live generates a lot of emotions that I found. Also, I go back to myself and wonder whether I am set, whether I am migrating even if I am just in one place, whether I am migrating as well as they are migrating. There are people that just stay still. At least these people are trying to do something. There is people that stay still, sometimes prisoners because this made innocent prisoners. And their minds migrate, and they cannot speak, and they migrate inside, they carry a journey inside, a migration where they don't know whether they are from there or from here, whether they are here, they don't know where they are.

This is very hard, having to live this, it urges me to go on turning myself in to this, with my heart. And go on with the work that we are doing to revitalize the cultural identity of our ancestors, so that all women that were victims of this internal conflict that Colombia lives do not have to come to that, do not have to migrate to some other country and remain stranded half way through their way, neither here nor there, in the middle of a border, this is terrible.

This exposition leaves you many expressions, emotions, many things. This exposition is huge. I think it will be very useful for us as women, as orators and singers.

Si, ver en físico, además de generarme un montón de emociones encontradas, regreso a mí y me pregunto, qué tan ubicada estoy, si estoy migrando, aunque esté en un solo puesto, si estoy migrando, así como más como lo que están migrando es ellos. Podemos ver que hay gente que está parada, al menos ellos están intentando hacer algo, y hay gente que está quieta, a veces presa, porque en esto han caído presos inocentes. Y su mente migra y no pueden hablar, y migran dentro, llevan un viaje dentro, una migración que no saben si son de allá, de acá, de allí, si aquí, no saben dónde están.

Eso es muy duro, tener que vivir eso, me insta a seguir entregándome de cuerpo y alma, con el corazón. Y el trabajo que nosotros estamos haciendo con el trabajo de recuperación de identidad cultural de nuestros ancestros, para que todas nuestras mujeres que somos víctimas de este conflicto interno que vive Colombia, no tengamos que llegar hasta esas instancias, mujeres y niños, el núcleo familiar, no nos toque llegar hasta esas instancias, a tener que ir a migrar a otro país, y quedarse bombeado en medio camino, ni aquí, ni allá, en medio de una frontera, es terrible.

Esta exposición, le deja a uno muchas expresiones, emociones, muchas cosas, esta exposición es grande, creo que nosotros nos va a servir mucho, como mujeres oradoras que somos, cantadoras que hacemos sinergias.

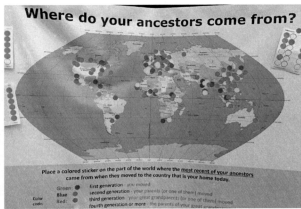

SERVANDO

I liked to do it and to encourage others to participate as well, because they don't want to try it as if they were afraid. That happened to me before. I like to be a leader and to be among the first ones to do things. I feel good, this project helps to express all the things I have in my mind, to talk with somebody else.

Me gustó hacerlo y estimular a otros a participar también, porque no queren ensayar, como si tuvieran miedo. Eso me pasó a mi antes. A mi me gusta ser un líder y ser de los primeros que hacen algo. Me siento bien, este proyecto me ayuda a expresar todas las cosas que tengo en mi mento, al hablar con alguien más.

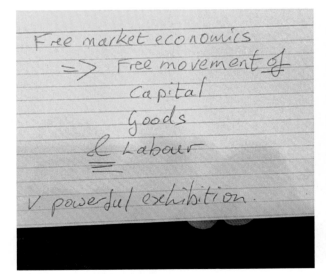

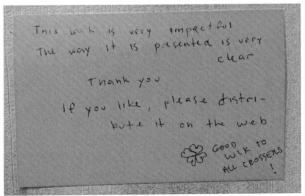

Cast of characters: Nogales

Lista de Participantes: Nogales

Anonymous migrants at El Comedor | *Migrantes anónimos en El Comedor*

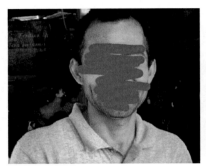

"CHAVALO"

"CHAPIN"

"CHINO"

"CHIAPAS" AND "CATRACHO"

"LUPE"

Former migrants, now staff at El Comedor
Antiguos migrantes, hoy trabajadores en El Comedor

MARIANA & ARMANDO

Cast of characters: Seattle

Lista de Participantes: Seattle

Day laborers, members of Casa Latina | *Jornaleros, miembros de Casa Latina*

"PEDRO INFANTE"

BEATRIZ

BLAS

CARLOS

JUAN

LOURDES

MARÍA

PEDRO

GILDA

JIMMY

JORGE

RAMÓN

SALOMÓN

SERVANDO

VENTURA

Cast of characters: Colombia

Lista de Participantes: Colombia

Consejo Comunitario La Plata, Bahía Málaga:

HOOVERT

FERNEY

PORFIRIO

FANNY & FRANCISCA

Comunidad Nasa de Buena Vista, Buitrera

JUAN CARLOS

MARCO ANTONIO

Siloé, Cali

DAVID

ROCÍO

LUIS ALBERTO

YOLIMA

PAISA

JESSICA

LUZ MARINA

JORGE

SAMUEL

Fotohistorias collaborators

Colaboradores en Fotohistorias

NOGALES

EL COMEDOR
KINO BORDER INITIATVE

SEATTLE

COLOMBIA

LUIS FERNANDO BARÓN
LAURA MARCELA ZÚÑIGA
LUIS MIGUEL CARVAJAL
NATALIA ESCOBAR
OSCAR IVÁN TREJOS
MAURICIO BELTRÁN

CONSEJO COMUNITARIO
LA PLATA – BAHÍA MÁLAGA
COMUNIDAD INDÍGENA NASA
DE BUENA VISTA— BUITRERA
FUNDACIÓN NUEVA LUZ,
SILOÉ — CALI

UNIVERSITY OF WASHINGTON

BRYCE NEWELL
CHERRY WANG
CHRISTOPHER SETZER
HADIZA ISMAILA
JUAN CARLOS RODRIGUEZ
KATIE MAYER
KATYA YEFIMOVA
KORISSA MCGLOCKLIN
MANTRA ROY
PHILIP REED
STACI FOX
VERÓNICA GUAJARDO

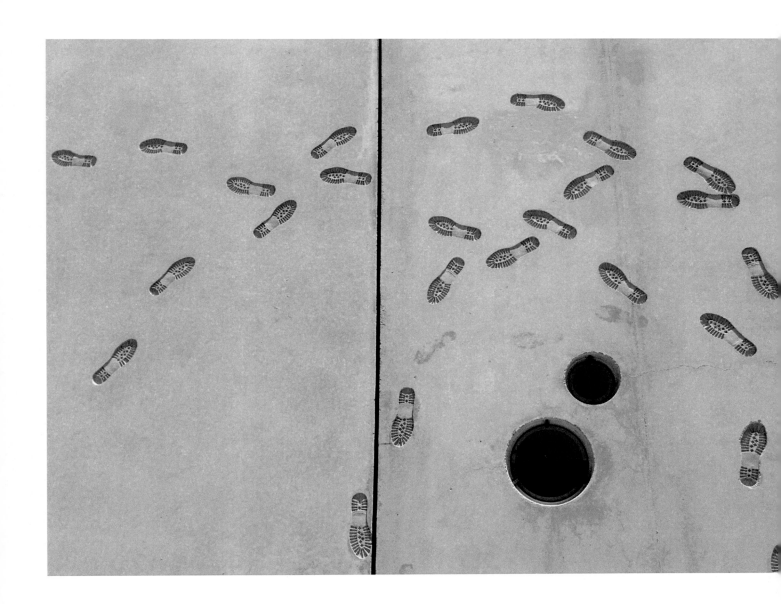

About the authors

Sobre los autores

RICARDO GOMEZ

I am an Associate Professor at the University of Washington Information School. My research interests focus on the uses and impacts of information and communication technologies in international development contexts. I specialize in social dimensions of the use (or non-use) of communication technologies, especially in community development settings.

Soy un Profesor Asociado en la Facultad de Información de la Universidad de Washington. Me interesan los usos y los impactos de las tecnologías de información y comunicación en contextos de desarrollo internacional. Me especializo en las dimensiones sociales del uso (o no-uso) de las tecnologías de comunicación, especialmente en el contexto del desarrollo comunitario.

www.ricardogomez.net

SARA VANNINI

I am a postdoctoral researcher at the Technology and Social Change Group (TASCHA), University of Washington Information School, Seattle, USA. My research interests focus on the combination of communication for development, especially through the use of information and communication technologies, social appropriation of technologies and participatory approaches.

Soy investigadora de post-doctorado en el grupo Technology and Social Change Group (TASCHA) en la Universidad de Washinghton, Seattle, USA. Me interesan temas de comunicación para el desarrollo - sobre todo a través de las tecnologías de la información y de la comunicación – de apropiación social de la tecnología y metodologías participativas.

www.saravannini.com

24688989R00207

Made in the USA
San Bernardino, CA
03 October 2015